直播带货
从新手到高手

谭焱焱 编著

清华大学出版社
北 京

内 容 简 介

10章专题内容，一线直播运营达人倾心之作，行内大咖不愿分享的秘密。150多个干货技巧，拆解直播带货行业背后的秘密，让您的直播带货销量步步高！

本书具体内容包括：直播带货的解析、变现路径的分析、开通直播的流程、直播设备的选购、直播场地的规划、直播预告的设置、直播内容的策划、直播文案的构思、直播脚本的制作、直播引流的技巧、直播带货的话术、提升销量的策略、刺激下单的技巧、变现的运营手段、直播带货的禁区以及提升口碑的售后等内容，以实战为核心，帮助读者直观地认识直播带货行业，掌握直播带货的技能，更好地开展直播带货业务，快速实现商业变现。

本书适合直播带货的新人主播，以及转型做直播的商家阅读，同时还可以作为企业直播带货岗位的培训教材，或供直播带货相关从业人员参加就业培训、岗位培训使用。

本书封面贴有清华大学出版社防伪标签，无标签者不得销售。
版权所有，侵权必究。举报：010-62782989，beiqinquan@tup.tsinghua.edu.cn。

图书在版编目(CIP)数据

直播带货从新手到高手 / 谭焱焱编著. —北京：清华大学出版社，2022.1（2022.11重印）
ISBN 978-7-302-58597-8

Ⅰ. ①直… Ⅱ. ①谭… Ⅲ. ①网络营销 Ⅳ. ①F713.365.2

中国版本图书馆CIP数据核字(2021)第131535号

责任编辑：张　瑜
封面设计：杨玉兰
责任校对：周剑云
责任印制：沈　露

出版发行：清华大学出版社
网　　址：http://www.tup.com.cn, http://www.wqbook.com
地　　址：北京清华大学学研大厦A座　　　邮　编：100084
社 总 机：010-83470000　　　　　　　　　邮　购：010-62786544
投稿与读者服务：010-62776969，c-service@tup.tsinghua.edu.cn
质量反馈：010-62772015，zhiliang@tup.tsinghua.edu.cn

印 装 者：北京博海升彩色印刷有限公司
经　　销：全国新华书店
开　　本：170mm×240mm　　印　张：15.75　　字　数：250千字
版　　次：2022年1月第1版　　　　　　　印　次：2022年11月第2次印刷
定　　价：59.80元

产品编号：046459-01

前言

■ 写作驱动

互联网技术的快速发展将直播带货推上了营销风口,这让许多有卖货想法的人,纷纷开始进军直播带货行业。然而这些人不一定能够通过直播带货实现自我价值,毕竟空有直播带货的想法,却没有理解直播带货行业的规则、掌握带货的技巧,是很难在这个行业长期发展的。

在全民直播卖货、竞争激烈的情况下,作为直播带货行业的新手,要如何获取流量、抢占红利呢?作者将在书中为您揭晓答案。

本书是一本以直播带货为核心、以提高产品销量为根本出发点的著作,书中以图文、图解的方式深度剖析了直播带货的开通、直播内容的策划、直播引流的技巧、直播营销的话术、直播带货的技巧、直播运营的方法、直播带货的禁区以及售后等要点,可以给加入直播带货行业的新人提供指引。

本书将理论、技巧与案例相结合,全面解析了直播带货的成功经验和技巧,让您轻松地从直播带货的新手变成高手,引爆产品销量!

■ 本书特色

本书主要特色如下。

(1)内容全面,通俗易懂,针对性强。本书构思严谨,以直播定位、人气打造、实战案例的形式组织内容,以策划活动为核心,以提高产品销量为根本出发点进行了10章专题内容的详解,包括了解直播的开通、熟知开播的准备工作、内容的策划、营销文案的策划、脚本的策划以及引流的方法,掌握带货的策略、变现的运营方法以及打造售后口碑等内容,帮助读者彻底掌握直播带货的技巧。

(2)突出实用,技巧为主,实战性强。本书在直播带货的各个环节全面解析并提炼出了专业的带货手段,再通过图文和图解的方式让读者快速掌握技巧,让读者轻松地了解直播带货的实战效果。

■ 图文及图解提示

图文的结合能够给读者无限的想象空间,让读者更直观地领会书中所传达的内容信息。而图解能够方便读者对重点内容的把握,让读者通过逻辑推理快速了解核心知识,节约阅读成本。

需要注意的是,读者在阅读过程中需要注意图解的逻辑关系,充分理解图解想要表达的重点。

■ 图书作者

本书由谭焱焱编著,参与编写的人员还有卢海丽等人,在此表示感谢。由于作者知识水平有限,书中难免有疏漏之处,恳请广大读者批评、指正。

编　者

目录

第1章 找准长期发展的营销风口 1

- 1.1 站在营销风口的销售模式 2
  - 1.1.1 销售行业的新兴模式 2
  - 1.1.2 直播带货潜在的逻辑 4
  - 1.1.3 直播带货的优势和不足 5
  - 1.1.4 直播带货的未来发展趋势 9
- 1.2 找准直播带货的变现路径 10
  - 1.2.1 门槛及成本低的店铺直播 10
  - 1.2.2 呈现出真实性的产地直播 11
  - 1.2.3 对主播要求高的砍价直播 12
  - 1.2.4 提供全新体验的拍卖直播 12
  - 1.2.5 有效刺激用户的秒杀直播 13
  - 1.2.6 较受用户欢迎的海外代购 13
- 1.3 了解直播带货的可选平台 14
  - 1.3.1 开通抖音直播的流程 14
  - 1.3.2 开通快手直播的流程 15
  - 1.3.3 开通蘑菇街直播的流程 17
  - 1.3.4 开通京东直播的流程 18
  - 1.3.5 开通淘宝直播的流程 23
  - 1.3.6 开通拼多多直播的流程 25

第2章 做好规划清晰的开播准备 27

- 2.1 选择适合自己的直播方式 28
  - 2.1.1 个人直播 28
  - 2.1.2 MCN 机构直播 29
  - 2.1.3 团队直播 31
- 2.2 助力提升直播效果的专业装备 32
  - 2.2.1 摄像设备的购置 32
  - 2.2.2 直播环境的打造 32
  - 2.2.3 直播音效的提升 34
  - 2.2.4 麦克风的选择 35
  - 2.2.5 主要直播设备的选购 36
  - 2.2.6 直播设备的补充 37
- 2.3 规划氛围浓厚的直播场地 39
  - 2.3.1 设计合适的直播背景 39
  - 2.3.2 产品摆放整齐有序 39
  - 2.3.3 铺设吸音地毯降音 41
- 2.4 设置引人注目的直播预告 41
  - 2.4.1 直播时间的规划 41
  - 2.4.2 直播封面的选择 42
  - 2.4.3 直播标题的确定 43
  - 2.4.4 直播标签的设置 44
  - 2.4.5 直播选品的技巧 44
- 2.5 做好万无一失的运营准备 45
  - 2.5.1 直播运营工作的具体环节 46
  - 2.5.2 规避影响直播的常见错误 47

第3章 做用户喜欢的直播策划 51
3.1 打造爆款直播间的内容策划 52
- 3.1.1 分析直播带货的内容类型 52
- 3.1.2 进行直播带货的3个要素 54
- 3.1.3 打造高热度的直播内容 56

3.2 构思吸人眼球的文案策划 58
- 3.2.1 提高点击率的直播标题 58
- 3.2.2 提高转化率的直播文案 60

3.3 制作把控节奏的脚本策划 62
- 3.3.1 直播脚本的要素 63
- 3.3.2 直播脚本的类型 67
- 3.3.3 直播脚本的流程 70
- 3.3.4 直播脚本的演练 72
- 3.3.5 直播活动的策划 73

第4章 引流推广提高直播热度 77
4.1 营销效果惊人的电商引流 78
- 4.1.1 淘宝直播的引流攻略 78
- 4.1.2 拼多多直播的推广方式 82

4.2 增强用户黏性的社交引流 84
- 4.2.1 微博引流 84
- 4.2.2 微信引流 86
- 4.2.3 QQ引流 87

4.3 推送目标精准的资讯引流 89
- 4.3.1 今日头条引流 89
- 4.3.2 百度引流 90
- 4.3.3 知乎引流 92

4.4 传播范围广阔的短视频引流 93
- 4.4.1 抖音平台引流 93
- 4.4.2 快手平台引流 95

4.5 扩大粉丝基数的福利引流 98
- 4.5.1 利用奖励让粉丝老带新 98
- 4.5.2 用引流产品实行拼团制 99

第5章 抓住用户心理的直播话术 ... 101
5.1 培养主播的表达能力 102
- 5.1.1 提高直播质量的语言表达能力 102
- 5.1.2 解决"冷场"烦恼的聊天技能 105
- 5.1.3 提升语言亲和力的5个方法 108
- 5.1.4 提升销售能力的表达方法 109

5.2 提升说服力的营销话术 111
- 5.2.1 主播必须掌握的直播话术 111
- 5.2.2 介绍产品必须突出卖点 116
- 5.2.3 直播卖货通用话术分析 119

第6章 提升产品销量的带货技巧 ... 123
6.1 把握影响销量的重要因素 124
- 6.1.1 用户的购买欲望 124
- 6.1.2 用户的消费频率 125
- 6.1.3 用户的信任程度 125

6.2 提高成交率的带货策略 126
- 6.2.1 增强用户信任程度的要点 126
- 6.2.2 塑造产品价值的具体方法 128
- 6.2.3 解决用户痛点、满足用户需求 130

6.2.4 筛选产品提高用户的体验 133
6.2.5 营造促成交易的购物氛围 136
6.3 掌握提高销量的常用技巧 138
    6.3.1 选择能力专业的导购员 138
    6.3.2 提高直播间的用户留存 139
    6.3.3 呈现产品效果证明实力 141
    6.3.4 分享干货进行精准营销 142
    6.3.5 将产品融入使用的场景 142
    6.3.6 进行口碑营销树立口碑 143
    6.3.7 打造专属产品留下印象 144
    6.3.8 利用福利诱导用户 145
    6.3.9 通过物美价廉吸引用户 146
    6.3.10 设置悬念引起用户注意 146
    6.3.11 通过对比突出产品优势 147
    6.3.12 直播全程保持亢奋状态 150
    6.3.13 进行复盘分析不足之处 151

第 7 章 刺激用户下单的销售技巧 ... 153

7.1 放大吸引用户的产品优点 154
    7.1.1 展示产品前的准备工作 154
    7.1.2 展示产品时的方法技巧 156
    7.1.3 展示产品后的直播工作 159
7.2 打消用户犹豫的促单手段 161
    7.2.1 分析用户犹豫的具体原因 161
    7.2.2 玩转用户心理的报价技巧 163
    7.2.3 促成用户下单的具体方法 164
    7.2.4 刺激用户下单的注意事项 165
7.3 借用提高销量的促销法则 166
    7.3.1 以纪念式促销开展活动 166
    7.3.2 借势促销提供购物理由 168
    7.3.3 时令促销清理产品库存 170
    7.3.4 以限定式促销营造氛围 172
7.4 激发购买欲望的福利营销 172
    7.4.1 围绕产品发放福利 172
    7.4.2 以抽奖为营销手段 175
    7.4.3 用抢红包活跃气氛 178

第 8 章 实现二次变现的运营手段 ... 179

8.1 打造高黏性的私域流量池 180
    8.1.1 利用私域流量汇聚粉丝 180
    8.1.2 吸引公域流量获得曝光 181
    8.1.3 将用户转化为直播粉丝 182
    8.1.4 沉淀粉丝实现可持续变现 183
8.2 加强粉丝忠诚度的运营方法 183
    8.2.1 打造独特人设吸引粉丝 183
    8.2.2 发挥语言魅力征服粉丝 188
    8.2.3 使用福利诱惑维护粉丝 189
    8.2.4 通过互相关注增强黏性 190
    8.2.5 利用互动功能加强交流 190
    8.2.6 打造个人 IP 链接粉丝 191
    8.2.7 培养粉丝看直播的习惯 194

8.3 建立氛围活跃的粉丝社群 195
   8.3.1 确定社群内容及方向 195
   8.3.2 输出具有价值的内容 196
   8.3.3 积极促活维持生命力 198
   8.3.4 社群从 1 到 N 的裂变 199
   8.3.5 社群运营的 3 个阶段 201

第 9 章 警惕存在风险的带货禁区 ... 203

9.1 影响产品销量的选品误区 204
   9.1.1 因竞争激烈放弃爆品 204
   9.1.2 用户需求分析不精准 204
   9.1.3 跟风导致产品同质化 206
9.2 影响主播生涯的直播误区 207
   9.2.1 跳槽频繁稳定性差 207
   9.2.2 盲目从众随波逐流 207
   9.2.3 被虚假的现象蒙蔽 208
   9.2.4 主播擅自经营业务 209
   9.2.5 非法侵犯他人隐私 209
   9.2.6 三观不正博取关注 210
   9.2.7 内容低俗遭到封杀 210
   9.2.8 内容的同质化严重 211
   9.2.9 被资本和机构干涉 212
   9.2.10 用户的转化率很低 212
   9.2.11 钻直播平台的空子 212
   9.2.12 搬运抄袭他人内容 213
9.3 注意不可触碰的直播雷区 214
   9.3.1 频繁催促用户购买产品 214
   9.3.2 直播时贬低其他的主播 215
   9.3.3 直播时抱怨粉丝不下单 215
   9.3.4 直播单调用户无新鲜感 216
   9.3.5 无视平台规则违规直播 216
   9.3.6 心存侥幸策划无人直播 ... 217

   9.3.7 急于求成盲目投入资金 218
9.4 避免落入误区的具体方法 219
   9.4.1 通过人工智能提高体验 219
   9.4.2 做垂直专业的直播内容 219
   9.4.3 传统文化与直播相结合 219
   9.4.4 虚拟技术助力带货效果 220
   9.4.5 严格把控带货产品质量 220
   9.4.6 避免传播错误的价值观 221
   9.4.7 内部 KOL 孵化减少
       成本 222
   9.4.8 与外部的 KOL 寻求
       合作 223
   9.4.9 找准稳定的产品供应链 224

第 10 章 完善售后提升直播口碑 225

10.1 打消用户下单的两大疑虑 226
   10.1.1 打消对产品质量的
        疑虑 226
   10.1.2 打消对产品售后服务的
        疑虑 229
10.2 消除用户抱怨的步骤及方法 232
   10.2.1 消除用户抱怨的主要
        步骤 232
   10.2.2 消除用户抱怨的 6 个
        技巧 236
10.3 提供体验良好的售后服务 239
   10.3.1 回应影响口碑的差评 239
   10.3.2 应对预期外的发货
        问题 241
   10.3.3 化解无理由的退货
        难题 241

第 1 章
找准长期发展的营销风口

学前提示　虽然直播带货作为一种新兴的销售模式,给许多人带来了商机,但是要想在这一行业深耕,还需要对其有更深入的了解。本章笔者将带大家了解直播带货的相关知识,同时对其中的 6 个变现路径进行分析,并介绍 6 个常见的平台开通直播的操作步骤。

1.1 站在营销风口的销售模式

直播带货改变了传统电商的销售模式，它不仅给用户带来了全新的购物体验，还为线下商家创造了线上销售的机会。当前，直播带货已经潜移默化地改变了一部分用户的购物方式，它还有更多潜在的发展空间。正是因为其前景可观，许多明星、主播也都纷纷加入直播带货的行列。

本节将带大家了解直播带货这一新兴的销售模式以及其中的逻辑，并详细分析这一销售模式的优势与不足，探讨其未来的发展趋势。

1.1.1 销售行业的新兴模式

直播带货进入人们的视野后，便快速发展成为一种新兴的销售模式。那么，直播带货行业出现的原因是什么？目前的发展现状又是怎样的呢？本小节将对这两个问题做出解答。

1．直播带货兴起的原因

在线下门店进行购物时，我们可以发现，门店内会有专门引导人们购物的导购员。这些导购员通常会向用户展示产品，帮助用户体验产品，并结合一些话术引导人们购买产品。其实，直播带货就是利用互联网技术，把这一模式搬到了线上，主播扮演着门店导购员的角色，主要负责引导用户购买产品。

由此可见，直播带货可以说是传统线下销售与传统电商销售模式相结合的升级版。那么，直播带货兴起的原因有哪些呢？笔者总结了3点。

1）互联网技术的发展

在互联网技术和经济发展进程不断加快的背景下，直播带货这一模式有了技术的支持。互联网技术打破了时间和空间的限制，使内容的传播方式更加便捷、快速，满足了不同用户的需求。

2）直播行业潜在的商机

虽然直播带货近年来才真正被人们所熟知，但是直播行业早在多年前就已经存在了。从最初的游戏、秀场等泛娱乐的直播内容到以分享生活、即时娱乐为主要内容的演变，直播行业开始转型，其背后潜在的商机开始被一些企业嗅到，因此，直播行业飞速发展，前景一片大好，并逐步走向电商化。

3）用户对消费需求的个性化

随着用户生活水平的不断提高，用户对购物的需求逐渐趋向个性化。而消费群体年轻化的趋势，更是加速了需求个性化的进程，提高了用户对购物体验的需求。如今年轻人已经成为消费群体的主力，调查显示，网购已经成为大多数年轻人日常生活中的一部分。这些年轻人不仅有一定的消费能力，而且购物的喜好广泛，愿意为自己的喜好买单。

由此可见，大多数用户除了考虑产品的价格外，还会关注自己的购物喜好。这就要求电商购物只有给用户带来更多有趣味、个性化的内容，才能给用户带来更好的购物体验，而直播带货则恰好满足了这一点。如今，电商的销售方式在逐步向满足用户个性化需求的方向靠拢，通过直播，用户可以随时与主播互动，发表自己的想法，如图 1-1 所示。

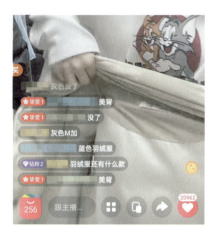 

图 1-1　用户与主播互动

2．直播带货的发展现状

直播带货的销售模式不仅吸引了众多用户的关注，更成为电商销售的必备武器。随着这一销售模式的发展，部分用户的购物方式也开始转变，主播的推荐慢慢成为影响部分用户购物的决定性因素。一些企业看到直播带货背后的商机，也开始涌入这个市场。

1）成为电商销售的必备武器

直播带货为电商带来了更多的流量，推动着电商行业的发展。主播在直播中通过"电商+直播"的销售方式向用户推销产品，可以让用户更加直观地了解产品，所以用户自然更愿意在直播间购物。由此可见，直播带货给电商行业带来的效益是不可估量的。

2）主播成为品牌与用户的纽带

当前的互联网时代，内容的影响力潜移默化地改变着许多用户的消费观念，随着直播带货的持续发展，主播已经成为品牌与用户之间的纽带。对于有一定影响力的主播而言，他们与明星相似，都是公众人物，推荐的产品往往能够影响许多用户的购物决策。所以，越来越多的品牌开始与这些主播寻求合作，借助主播的流量销售产品。

3）成为各企业的推广模式

直播带货的热潮，让一些企业也纷纷进入直播带货的行业，各大互联网平台推出的直播平台开始如雨后春笋般出现在人们的视野里。

此外，一些企业已经组建了属于自己的直播团队，派出了多名高管亲自进行直播带货。例如，某国产手机品牌的CEO就对直播的推广模式表示肯定，甚至亲自开直播宣传产品，收获了惊人的销售量。

1.1.2 直播带货潜在的逻辑

虽然直播带货的销售方式弥补了传统电商销售模式的不足，降低了传统电商的销售成本，缩减了产品的成交时间，但是，直播带货需要流量的支持，没有流量的直播间将很难有曝光的机会。需要注意的是，有流量不一定就能提升产品的销量，主播要想通过直播实现产品销量的提升，还需要了解直播带货潜在的逻辑，具体内容如下所述。

1）信任是成功的基础

取得用户信任是促成交易的基础。主播在直播带货的过程中，一般会直观地展示产品，让用户全面了解产品的细节，从而促使用户做出购买决策。其实，这些主播展示产品就是为了获取用户的信任，让用户看到产品真实的外形设计以及质量，如图1-2所示。

图1-2　主播向用户展示产品细节

然而，在传统电商的销售模式下，用户只能通过产品简介的图片、视频，以及用户对产品的评价来决定自己是否应该购买该产品。利用这种决策方式，在产品严重同质化的情况下会导致用户很难做出准确的选择，从而延长了产品成交的时间，这对商家来说显然是不利的。

直播带货为用户打造了全新的购物渠道。用户在观看直播时可以通过文字向主播咨询与产品相关的问题，而主播则通过回答用户的提问，帮助用户完成前期的购物决策。例如，主播在进行直播时，看到用户的问题会及时进行回答，为了展示产品质量，还会通过试验证明自己所说的真实性，并且会对产品的质量作出保证。如果用户选择相信主播，往往会直接下单购买产品。

主播要想引导用户购买产品就要取得用户的信任，提高用户的忠诚度。不仅如此，主播还要在产品质量上严格把关，这样才能形成良好的口碑，提高产品销量。

2）流量并不等于销量

随着直播带货成为新的营销风口，一些知名人士也开始参与电商直播。虽然一些自身有流量的知名人士，在直播带货时获得了惊人成就，但是也有部分名人遇到了产品销量惨淡的问题。例如，某女明星为某茶具品牌直播推广时便遭遇了滑铁卢，虽然该明星直播时有90万用户观看量，但是直播成交总额却不到2000元。事后，该品牌负责人便指出该女明星的影响力"掺水"，导致这一事件引起了众多用户的热议，使双方的名誉都受到了一定程度的损害。

毫无疑问，虽然明星的流量比一般主播的流量高出许多，但是只通过流量来判断明星的带货能力是片面的。一些用户在观看明星直播时，很可能会因为盲目冲动而购买产品，但大部分用户购买产品是因为产品满足了自己的需求。而专业的主播不仅有很强的业务能力，在选品方面还有专业的知识，所以更容易赢得用户的信赖。

1.1.3　直播带货的优势和不足

有人说，直播的红利期已经过去了，现在做直播带货逃不掉被重新洗牌的命运，这在笔者看来纯属无稽之谈。以前电商兴起的时候，有些人也发表过类似的言论。当所有人认为电商市场已经饱和的时候，拼多多却在短短几年的时间里横空出世。如今，在网购已经成为人们生活习惯的情况下，直播带货更是为传统的电商行业注入了新的活力。

传统的电商销售模式早已满足不了用户的个性化需求，而直播带货则弥补了传统电商销售模式的不足。通过观看直播，用户了解产品的方式不再局限于图文、视频以及传统电视购物的形式，而是可以通过观看直播与主播实时互动，获得更多与产品相关的信息。

直播带货改变了传统电商的销售模式，可以说是大势所趋。通过直播带货的销售方式，主播用话术和肢体语言生动形象地讲解产品，并和用户、粉丝进行互动，对他（她）们的疑问进行解答，满足了用户更多的购物需求。

然而，直播带货兴起之后，很多企业把直播当作扩大品牌影响力、提高产品销量的制胜法宝，认为只要找一个头部主播或者网红大咖就能为自己带来巨大的销售业绩。所以，直播带货也时常"翻车"，这是因为一些商家只看中主播的影响力和自带的流量，而忽略了产品的质量和用户的体验。

由此可见，直播带货虽然有着诸多的优势和好处，但也并非没有缺点。本小节将对直播带货的优势和不足进行详细分析。

1．直播带货的优势

直播带货作为一种新兴的销售方式，具有一定的优势，具体内容如下所述。

1）打破了空间限制

由于直播依托互联网，所以与传统商业模式相比，直播带货没有地域的限制，其受众来自五湖四海。正因为如此，直播带货所面向的用户数量庞大，市场也非常广阔。

2）带来了更好的购物体验

用户在直播间购物时，可以通过镜头看到主播讲解、展示产品，能够更直观地了解产品的细节。不仅如此，主播在展示产品时通常会亲身试用产品，让用户看到产品真实的使用效果，如图1-3所示。

图1-3　主播试用产品

此外，用户在观看直播的过程中不仅可以与主播互动，还可以与观看直播的其他用户进行互动，主播直播的内容也能为用户带来趣味，这在一定程度上能够满足用户的个性化需求，给用户带来更好的消费体验。

3）带动了产品销量

随着商业经济的发展，产品的种类越来越多，用户的选择也更加多样化。这导致用户选择的难度增加，而直播带货却能很好地解决这一问题。通过直播的方式，主播会帮用户筛选出物美价廉的产品，减少了用户选择产品的时间成本。

与传统电商的销售模式相比，直播加强了主播和用户之间的互动，有利于用户更好地了解产品的亮点和功能。在直播的过程中，大多数用户和粉丝购买商品是出于对主播的信任，这种信任拉近了彼此之间的距离，刺激了用户的购买欲望。

对于企业和商家而言，直播带货降低了营销的时间成本，从品牌、产品的介绍，再到用户下单购买产品，整个销售过程被缩短到了十几分钟甚至几分钟。因此，和传统电商的营销模式相比，直播带货带动了企业及商家的产品销量。

4）推动了品牌宣传

直播带货除了能够带动产品销量以外，还能够提高产品所属品牌的曝光率。一款品牌知名度不高的产品，通过主播在直播中的推荐之后，其品牌就得到了传播和推广，产品的知名度自然也就提升了。

例如，某主播在直播间向用户推荐某品牌的一款产品时，就使该产品的品牌得到了广大用户的关注。不仅如此，该品牌意识到了主播流量的影响力之后，还让该主播成为品牌的代言人。于是，该品牌一跃成为众多国产美妆品牌中的黑马。虽然该品牌的成功在一定程度上是源于它自身的正确定位，但正是这位主播的推荐，才让它被更多人熟知。

5）形成了营销闭环

直播带货的发展，使越来越多的厂家都进入了直播行业。同时，一些互联网平台也纷纷增加了直播功能，吸引商家与主播入驻进行直播带货，这在一定程度上促进了营销闭环的形成。具体来说，直播带货营销闭环的体现如图1-4所示。

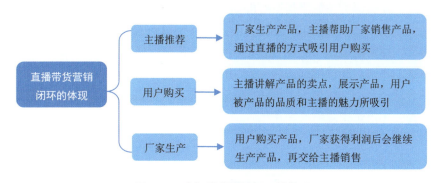

图1-4　直播带货营销闭环的体现

2. 直播带货的不足

现在做直播的人越来越多,直播带货在给用户带来便利的同时,也存在着一些不足。下面笔者就来分析直播带货的局限性,具体内容如下所述。

1)品牌忠诚度不高

直播带货之所以能够获得那么高的产品销售业绩,很大一部分原因是产品价格低。这样就会导致一个问题,那就是一旦直播间内的产品失去了价格优势,主播就很难让用户下单购买产品。

此外,大多数人是冲着主播个人去观看直播的,而且主播在进行直播带货的过程中,介绍的品牌产品不止一种。因此,依靠一两次直播就想在短时间内形成用户对产品品牌的黏性并不容易。

2)降低品牌价值

大多数用户都是因为产品价格低而购买产品,所以并不是所有的品牌都适用直播带货这种销售模式。价格高的产品要想在直播间售卖,势必要降低价格才能吸引用户购买,但这样做会降低产品的品牌价值,给人一种"廉价"的印象。

例如,某国产手机品牌虽然以其性价比的优势获得了广大用户和消费者的喜爱,但是"性价比"也成了该品牌提高产品价格、提升品牌价值的瓶颈。在人们的印象中,该产品的标签就是"性价比",如果企业突然大幅度提高产品的价格,作出高端产品的战略定位,那么用户是很难接受的。

品牌价值是一个品牌的核心,对于具有高品牌溢价的产品来说,在直播间降价促销会损害其品牌定位。虽然利用这种销售方式能获得一时的产品销量,但是却牺牲了品牌的长期利益。

3)产品体验感差

虽然在介绍产品的时候,主播会给用户亲自试用产品,并把自己使用产品的体验与用户共同分享。但是,用户毕竟不能直接接触产品,如果遇到某些产品质量不过关,或者遇到售后服务不好的商家和企业,那么"翻车"是必然的。

特别是用户在购买高价产品时,需要的是一对一的精准服务和实际的场景体验。然而,目前的直播带货模式并不能给用户带来这样的体验。例如,主播在直播间推销汽车时,即使他通过镜头向用户详细地展示了汽车的性能与外形设计,全面地介绍了产品,也很少会有用户选择购买。对于这类高价产品,没有实际的场景体验,用户是很难放心下单的。当然,如果主播的影响力很大,那么部分用户会有下单的可能。

4)售后服务不够完善

直播间的产品向来以价格低而受到用户的青睐,许多商家正是看到了这一点,才纷纷投身于直播带货的狂潮。其中，难免有不少商家只顾眼前利益，为了利用价格优势提高产品销量，而压缩了产品的生产成本，不注重产品的售后服务。

所以，一些主播或商家贩卖假冒伪劣产品，限制用户退货退款的事件时常发生。当然，与直播带货的不足之处相比，它的优势更加明显，我们不能忽略直播带货给人们所带来的体验感，也不能忽略它为社会经济所创造的效益。

1.1.4 直播带货的未来发展趋势

随着直播带货的迅速发展，越来越多的人开始进入这一行业，但是仍然有人担心其未来的发展趋势，认为直播带货的红利期已经过去了。事实上，直播带货是大势所趋，从市场走向来看，它是具有长久生命力的。

直播带货之所以如此火爆，是因为电商直播是新的流量蓝海。直播带货的本质就是一种销售模式，主播通过镜头把产品展现给用户，然后让用户下单购买产品。直播带货为传统电商提供了更丰富的展现形式，在直播间内，主播展示产品，再搭配精彩的解说，可使产品的转化率大幅提高。

直播带货之所以转化率高，是因为电商平台本身的用户都是精准流量。就目前的直播来说，主播要想更好地进行变现，就要获取更多的流量。只有获得的流量多，主播的带货能力才强，才能取得不错的产品销量。

上文笔者在分析直播带货的局限中讲过，直播带货中用户的品牌忠诚度不高，而且还有可能会降低品牌的价值。所以，就目前的直播电商环境来看，对于高知名度的品牌，基本上不可能通过主播带货来增加品牌的附加值。因此，直播带货这种销售模式对以品牌经营为主的企业和商家来说没有太大的吸引力，它更适合以盈利为主的企业。

例如，在某护肤品牌产品的直播带货中，虽然某主播用全网较低的价格使该品牌获得了极高的产品销量，但是这对该品牌来说并不是一件非常有益的事情。

综上所述，几乎所有的直播带货活动中，用户都只关注主播是否给他们带来物美价廉的产品。这一点从用户的角度来讲是有利的，但对品牌方来说是不利的，因为物美价廉的东西，做不出品牌价值。

那么，根据现在电商直播的行情和现状，直播带货未来的发展趋势会怎样演变呢？对于这个问题，笔者根据自己多年的经验总结出3点，具体内容如下所述。

（1）直播带货在未来将成为企业重要的营销方式。因为就目前来讲，直播比较接近线下实体店的营销模式，我们可以在直播间进行各种产品展示、介绍和对比，这是营销方式的革新。

（2）内容将成为直播的核心竞争力。如今，流量的获取成本越来越大，主播要想降低获取成本,获得源源不断的流量,关键要有创作优质内容的能力。只要能够持续地生产出优质的内容,就能吸引更多的流量。

（3）视频电商和直播带货相结合。优质的短视频内容可以带来巨大的流量和用户,而直播则能够增加更多和用户互动的机会,两者对提高转化率都有一定的好处。

基于以上3点,我们可以看到,直播带货将会成为未来的互联网营销方式。基于其互动性和及时性的优点,直播带货会为社会创造新的消费市场。当然,目前直播带货刚刚兴起,还有很多地方需要完善,只有不断地完善其中的不足,才能更好地推动电商经济的繁荣。

1.2 找准直播带货的变现路径

直播带货作为新兴的营销方式,有着极强的"吸金"能力。因此,许多人开始深耕这一行业,更有许多人挤破头地想出了各种变现的方式。本节笔者就对其中的6种变现模式做出详细的解析。

1.2.1 门槛及成本低的店铺直播

店铺直播就是商家在互联网平台上申请一个网上店铺并开通直播权限,通过直播向用户推荐产品的一种变现模式。利用店铺直播的变现方式,只要店铺运营的方向准确,就能在短时间内给店铺带来巨大的流量。

店铺直播对主播没有固定的要求,店铺老板、运营、客服或者模特都可以出镜直播。不仅如此,店铺直播的成本较低,对于刚进入直播带货行业的新人来说,以店铺直播作为带货变现的方式有利于减少成本投入。如图1-5所示,为淘宝平台某些小型饰品店铺进行直播带货活动的现场。

需要注意的是,随着直播带货的发展,越来越多的店铺开始加入了直播带货的浪潮。而我们如果想在众多店铺里吸引更多用户的注意力,就要有较高的运营能力,这样才能给店铺带来更多的流量,并提高流量的转化率。

以淘宝平台为例,虽然在该平台上申请开通直播权限的门槛较低,但是平台上的店铺非常多,直播达人的影响力也很大,店铺主播要想脱颖而出,需要对影响店铺变现的因素有所了解。具体来说,影响店铺直播变现的重要因素有以下3个。

（1）店铺的运营能力。

（2）店铺的品牌影响力。

（3）店铺主播的带货能力。

图 1-5 某些小型饰品店铺直播带货的现场

1.2.2 呈现出真实性的产地直播

产地直播就是主播利用直播形式，带领用户走进产品的产地，让用户通过直播近距离地了解产品的生产环境以及生产过程，从而让用户认可产品，相信产品的质量，并下单购买产品的变现方式。

这种变现方式一般适用于销售农产品的主播，在直播时，主播和农民可以向观看直播的用户展示采摘水果、加工农副产品和肉禽类产品的情景，让用户看到产品的品质。如图 1-6 所示，为部分主播展示水果分拣过程。

图 1-6 部分主播展示水果分拣过程

这种直播方式可使用户享受到不一样的直播购物体验，并在主播或农民介绍产品时，感受到主播和农户的真诚与质朴。此外，部分进行产地直播的农民甚至用镜头展示他们日常的生活场景，把种植农作物、采摘水果和日常的闲聊等场景分享出来，给用户提供了不一样的直播内容。

利用产地直播的模式，主播可以呈现出产品的真实状态，让用户相信产品的质量，打消用户的顾虑。在直播过程中，主播还可以与用户积极互动，解答用户的问题，通过互动激发用户的购物欲望。

1.2.3　对主播要求高的砍价直播

砍价直播是指主播利用自己的专业能力帮助用户与老板砍价，站在用户的立场帮助用户以理想的价格买到目标商品的一种变现方式。这种变现方式要求主播要有专业的产品知识以及很高的砍价能力，主播只有熟悉行业的定价规则，才能在砍价时在顾及用户利益的情况下又不损害商家的利益。

当前，砍价直播多应用于珠宝玉石行业。利用这种直播方式，主播在拿到产品之后便向用户分析产品的优缺点，对产品的价值作出判断后再与老板砍价，引导有意向的用户购买产品。

1.2.4　提供全新体验的拍卖直播

拍卖直播指的是主播利用公开竞价将产品卖给用户的一种变现方式。如图 1-7 所示，为淘宝平台拍卖直播的直播间。

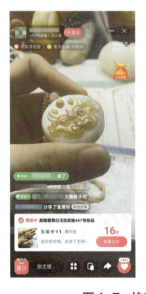

图 1-7　拍卖直播的直播间

这种直播方式为用户提供了全新的购物体验，直播间中被拍卖的产品没有固定的价格，用户购买产品需要经过几轮加价，出价高才有机会买到产品。

1.2.5 有效刺激用户的秒杀直播

秒杀直播是指商家限定某个时间段，发布一些价格低的产品，从而吸引用户在该时间段抢购产品的一种变现方式。用户往往会对低价产品有所青睐，这就是为什么一些品牌产品为了清仓而降价时，会引发大量用户哄抢。例如，部分主播为了清掉一些断码的孤品，会降低价格，以秒杀的方式吸引用户的关注，如图1-8所示。

图 1-8　部分主播以秒杀的方式吸引用户的关注

秒杀直播是营造紧迫感与产品稀缺感的有效方式，在进行秒杀直播前，主播可以提前发布秒杀预告，提前预热；在直播时，直播间的标题也可以突出"秒杀"二字，这样可以为直播间带来更多的公域流量。此外，主播还可以在直播间内显眼的地方呈现出完整的秒杀信息，刺激用户产生购物冲动。

1.2.6 较受用户欢迎的海外代购

海外代购是指用户在当地买不到海外的某款商品，或者该商品在当地的价格较昂贵，从而委托别人在其他地区帮忙购买该商品的购物方式。如图1-9所示，为海外代购主播的直播间。

近年来，海外代购非常受用户欢迎，做海外代购的主播主要是经常出国的职业代购或者定居在国外的宝妈。这些主播通常扮演着专业的买手角色，帮助用户以较低的价格购买产品，再通过物流把产品送到用户手上。而对于没有出国机会或在海外定居条件的小主播来说，做海外代购有一定难度。

图 1-9　海外代购主播的直播间

1.3　了解直播带货的可选平台

直播行业发展迅速，那么直播带货的平台有哪些？在这些平台中又应该如何开通直播呢？本节笔者将为大家讲述一些常见的直播平台中直播功能的开通方法。

1.3.1　开通抖音直播的流程

相比于传统的营销模式，抖音直播带货的传播速度可以说是难以复制的。而且抖音平台直播带货的门槛较低，能够减少一定的成本。因此，如果能够把握好这个平台，做好抖音直播，就能获得惊人的"吸金"效果。下面笔者就对其开直播的流程进行简单说明。

步骤 01　登录抖音短视频 App，进入"视频拍摄"页面后，向左滑动至"开直播"页面，如图 1-10 所示。

步骤 02　在该页面中设置直播封面、标题等信息，如图 1-11 所示。

步骤 03　信息设置完成后，点击"开始视频直播"按钮，如图 1-12 所示。

步骤 04　操作完成后，进入直播倒计时。完成倒计时后，即可进入"直播"

界面，如图 1-13 所示。

图 1-10　向左滑动界面

图 1-11　设置直播封面、标题

图 1-12　点击"开始视频直播"按钮

图 1-13　"直播"界面

1.3.2　开通快手直播的流程

快手与抖音类似，都是借助短视频红利而发展壮大的平台。下面我们来介绍一下快手 App 直播的操作步骤。

步骤 01　进入快手短视频 App 首页之后，点击首页的 ◉ 按钮，如图 1-14 所示。

步骤 02　滑动至"开直播"界面，点击"开始视频直播"按钮，如图 1-15 所示。

步骤 03　完成操作后，跳转到"实名认证"界面，输入姓名和身份证号，点击"同意协议并认证"按钮，如图 1-16 所示。

图 1-14　点击 ◉ 按钮

图 1-15　点击"开始视频直播"按钮

步骤 04　完成实名认证后，返回到"开直播"界面，点击"开始视频直播"按钮，即可开始直播，如图 1-17 所示。

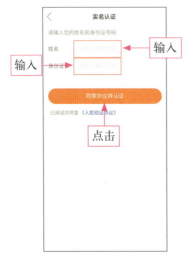
图 1-16　点击"同意协议并认证"按钮

图 1-17　点击"开始视频直播"按钮

1.3.3 开通蘑菇街直播的流程

蘑菇街主要为女性群体提供服装类产品以及穿搭参考等服务，平台上的服装类型很多，大多为时尚、流行的款式。蘑菇街直播需要在手机商城下载蘑菇街 App，安装完成后，进行登录和注册，再按照以下方式申请开通蘑菇街的直播功能。

步骤 01 打开蘑菇街 App，进入 App 首页，点击"直播"按钮，如图 1-18 所示。

步骤 02 完成操作后，在页面下方点击 按钮，如图 1-19 所示。

图 1-18 点击"直播"按钮　　　　图 1-19 点击 按钮

步骤 03 完成操作后，跳转到"实名认证"页面，输入真实姓名和身份证号，如图 1-20 所示。

步骤 04 完成操作后，点击 按钮上传身份证正面照片；点击 按钮上传身份证背面照片；点击 按钮上传手持身份证头部照片；完成操作后点击"提交"按钮，如图 1-21 所示。

步骤 05 完成实名认证后，跳转到"开始直播"页面，设置直播标题，添加需要带货的产品；设置助理名称；设置直播封面图；点击"开始直播"按钮，如图 1-22 所示。

步骤 06 完成操作后，进入"直播"页面，如图 1-23 所示。

直播带货从新手到高手

图1-20 输入真实姓名及身份证信息

图1-21 点击"提交"按钮

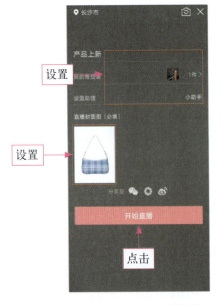

图1-22 点击"开始直播"按钮

图1-23 "直播"页面

1.3.4 开通京东直播的流程

　　京东平台以高质量的产品和完善的售后服务受到了许多用户的青睐,其直播

18

带货的受众数量非常庞大。不仅如此，平台上更有多名企业老总亲自直播带货，吸引众多用户关注，为平台带来了一定的流量。因此，京东自然也是许多主播优先选择入驻的直播平台。

需要注意的是，入驻京东平台虽然可以借助其品牌的影响力给自己带来一些优势，但是对于没有知名度的新人主播来说，只有取得与自营店合作的机会，才能获得更高的曝光率。本小节笔者将介绍开通京东平台直播功能的主要操作步骤，以供想要在该平台直播的主播参考。

开通京东直播需要先登录京东达人平台，成为京东达人，满足条件后，方可开通京东直播。如果不是京东达人的用户，可以先注册京东达人的账号；如果已经是京东达人的用户，可以直接登录京东达人的后台，开通京东直播即可。下面我们介绍京东达人的注册方式，请依照以下步骤进行注册和登录。

步骤01 在浏览器搜索栏中搜索京东达人平台，进入"京东内容开放平台"页面后，在页面内输入你的京东账号和密码，单击"登录"按钮。

步骤02 完成操作后，弹出使用手机短信验证码提示框，单击"获取验证码"按钮（操作完成后，"获取验证码"按钮会变成"重新获取"按钮）；接收短信后，输入验证码；单击"提交认证"按钮，如图1-24所示。

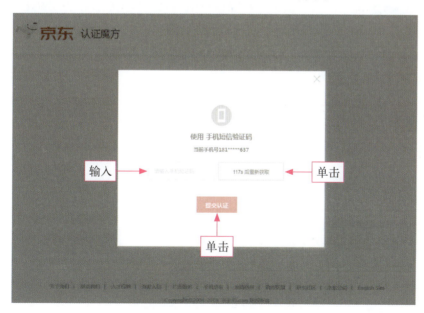

图1-24 单击"提交认证"按钮

步骤03 完成上述操作后，选择需要开通的账号类型，若是个人开通，单击"个人"按钮即可，如图1-25所示。

图1-25 单击"个人"按钮

步骤04 进入"实名认证"页面后,填写真实姓名以及证件号码等实名认证信息;单击"下一步"按钮,如图1-26所示。

图1-26 单击"下一步"按钮

步骤05 完成上述操作后,填写个人信息,如用户昵称、联系电话和短信验证码;选中"同意《京东原创平台入驻协议》"复选框;单击"下一步"按钮,如图1-27所示。

图 1-27 单击"下一步"按钮

步骤 06 弹出"达人CPS佣金与内容动态奖励规则"窗口,阅读规则内容后,单击"确认"按钮,如图1-28所示。

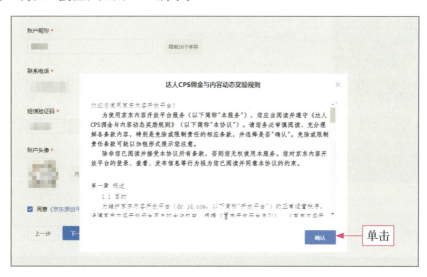

图 1-28 单击"确认"按钮

步骤 07 执行操作后,便通过了达人认证,此时会出现已加入京东内容开放平台的提示,3秒之后即可跳转网页,如图1-29所示。

图 1-29 提示你已加入京东达人

步骤 08 跳转到"京东内容开放平台"页面后，单击页面中的"达人宝典"按钮，如图 1-30 所示。

图 1-30 单击"达人宝典"按钮

步骤 09 在栏目的"内容创作"标签中，选择"直播"选项，如图 1-31 所示，页面中会提示"机构及个人主播""商家主播"入驻的链接，并且会显示如何入驻京东直播，主播可以根据实际情况自行选择。

需要注意的是，主播入驻京东直播达人时需要了解相关的入驻信息，京东直播达人入驻的条件及流程如图 1-32 所示。

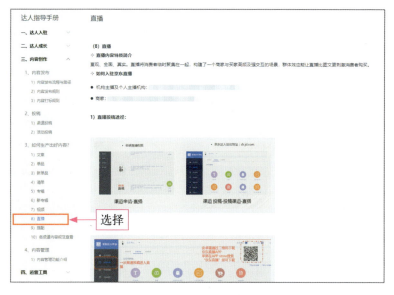

图 1-31　选择“直播”选项

京东直播达人入驻流程（19年12月更新）

【京东直播媒体机构入驻门槛】
- 站外某一平台账号粉丝不少于100万
- 至少在2家直播、视频平台有不少于3个月的运营经验

【京东直播媒体机构入驻流程】
1.创建机构账号，传送门：
2.发送以下信息到以下邮箱：；审批周期：**3个工作日（3个工作日后自行前往dr.jd.com-投稿渠道查看权限）**
1）机构基本信息：机构pin、机构昵称、机构下需开通直播权限的达人pin
2）机构的完整介绍资料（PPT或PDF均可）
3）机构以往的直播视频（链接地址或文件均可）
4）机构站外粉丝账号截图

【京东直播达人入驻门槛】
- 站外某一平台账号粉丝不少于2万
- 有不少于5场视频、直播经验（不限平台）

【京东直播入驻流程】
- 创建达人账号，传送门：
- 发送以下信息到以下邮箱：；**审批周期：3个工作日（3个工作日后自行前往dr.jd.com-投稿渠道查看权限）**

1、达人的pin、达人昵称、真实姓名、直播领域（如：数码、美食、服饰、美妆等）（excel表格）
2、达人的生活照片两张
3、达人的一段自我介绍视频或直播视频（链接地址或文件均可）
4、达人站外粉丝账号截图

图 1-32　京东直播达人入驻的条件及流程

1.3.5　开通淘宝直播的流程

淘宝作为电商的一大平台，自然是许多主播直播带货必选的平台之一。下面介绍入驻淘宝直播的方法以及开启直播的具体操作步骤。

步骤 01 下载淘宝主播 App，进入 App 首页，点击“立即入驻，即可开启直播”按钮，如图 1-33 所示。

步骤 02 进入“主播入驻”页面后，点击“去认证”按钮，根据提示完成认证；选中“同意以下协议《淘宝直播平台服务协议》”复选框，点击“完成”按钮，如图 1-34 所示。

直播带货从新手到高手

图1-33　点击"立即入驻，即可开启直播"按钮

图1-34　点击"完成"按钮

步骤 03　完成操作后，跳转到"入驻成功"页面，点击"返回首页"按钮，如图1-35所示。

步骤 04　返回淘宝主播App主页后，点击图中的 ⓒ 按钮，如图1-36所示。

图1-35　点击"返回首页"按钮

图1-36　点击 ⓒ 按钮

步骤 05　进入"开始直播"页面，点击 按钮，添加直播封面图片；再点击"开始直播"按钮，如图1-37所示。

步骤 06　完成操作后，进入"直播"页面，如图1-38所示。

图 1-37　点击 按钮　　　　　图 1-38　进入"直播"页面

1.3.6　开通拼多多直播的流程

拼多多这几年以直播门槛低、变现快的优势，赢得了许多主播的喜爱。本小节笔者将详细地为读者介绍手机拼多多App直播的操作方式。

步骤 01　登录拼多多App账号，点击"个人中心"按钮，再点击"账号头像"按钮，如图1-39所示。

步骤 02　进入"我的资料"页面，点击"多多直播"按钮，如图1-40所示。

步骤 03　进入"开直播"页面，选择好直播的封面后，点击"开始直播"按钮，如图1-41所示。

步骤 04　完成操作后，进入"直播"页面，如图1-42所示。

直播带货从新手到高手

图1-39 "个人中心"页面

图1-40 点击"多多直播"按钮

图1-41 点击"开始直播"按钮

图1-42 "直播"页面

第 2 章

做好规划清晰的开播准备

学前提示

在进行直播前，我们需要选择并购买合适的直播设备，布置直播的场地，为正式开播做好准备。

同时，我们还要提前做好预热工作，例如，发布直播预告，吸引用户及时观看直播。

2.1 选择适合自己的直播方式

随着直播带货行业的发展，越来越多的人开始加入直播带货行业。纵观各大直播平台，目前，直播的方式大致有 3 种，即个人直播、机构直播和团队直播。这 3 种直播方式各有不同的特点，本节笔者将一一向读者进行讲解。

2.1.1 个人直播

个人直播，即直播时全程由个人进行操作的直播。进行个人直播的主播需要自行申报纳税，对于刚进入直播带货行业的新人来说，选择个人直播的方式进行带货，在流量和用户积累上有一定的难度。

与其他方式的直播相比，个人直播的优势在于直播的时间和内容在选择上更具灵活性，收入只与平台分成，劣势是个人直播带来的收入不稳定，在直播中所遇到的问题全部依靠个人解决。

进行个人直播时，主播需要自行选择适合自己的领域。选择好适合自己的领域之后，还需要对观看的人群做好定位，然后自行选择产品，并策划好直播的内容。

另外，主播在进行个人直播前，还需要了解相关的直播知识，做好充分的准备。具体来说，相关直播准备可以从以下 5 个方面展开。

1. 视觉艺术

视觉艺术主要是指直播间的背景选择、直播时主播个人的穿着打扮等。此外，主播还需要做好直播的人设定位，并选择相应风格的服饰进行搭配。主播选择服饰时，需要选择更上镜的衣服，这样有利于提高个人形象的美感。

2. 听觉艺术

听觉艺术主要包括主播的语言以及直播间的音质效果。首先，主播直播时要做到吐字清晰，声音要有感染力，可以利用声卡与麦克风的组合让直播的音质获得更好的效果。其次，主播还需要在把握用户心理的基础上，投其所好地进行表达，这样可以帮助自己更好地积累人气。

3. 直播设备

拥有一套好的直播设备，可以让直播画质更佳、效果更流畅，带给用户更好的直播体验。在进行个人直播前，选择合适的直播设备，能够使直播获得更好的效果。具体来说，个人主播常用的直播设备包括手机、电脑、声卡、摄像头、麦克风、支架以及补光灯等。

4．直播推广

个人主播的直播推广，需要以获得更多粉丝量和点击量为目标。对此，主播可以利用平台活动的扶持，获得更多曝光的机会。大多数平台都会定期推出一些热门活动，主播参加活动便有机会获得推广资源。如图 2-1 所示，为淘宝直播推出的热门活动。

图 2-1　淘宝平台推出的热门活动

当然，部分活动是有门槛的，主播可以参加一些门槛较低的活动，争取获得更多的曝光机会，让自己的直播得到推广。

5．主播成长

一个新人主播要完全掌握直播带货的全部技能需要一定的时间。一般来说，选择个人直播的主播成长得更加缓慢，因为他（她）们大多数没有经过专业的培训，所以，只能自己慢慢摸索直播平台的功能，在直播的过程中积累经验。此外，这些主播还可以合理利用直播平台的资源，学习有关直播带货的知识，让自己快速成长起来。

2.1.2　MCN 机构直播

MCN(Multi-Channel Network) 机构直播主要依靠机构，选择机构直播的优势在于主播具有稳定的收入；在直播流量上，机构有一定的流量扶持；直播的基础设备由机构提供。此外，机构还会有计划地培养主播，并安排经纪人解决主播在直播中遇到的问题。但是，新人主播在选择签约 MCN 机构时，需要自己仔细地辨别所选择的机构,特别是签合同时,一定要谨慎对待,防止被欺骗。

MCN 机构与中介公司类似,国内的 MCN 机构主要有 5 大类,包括内容生产型、内容运营型、广告营销型、知识付费型和电商内容型,各类型运营所涉及的重点都不同,如图 2-2 所示。

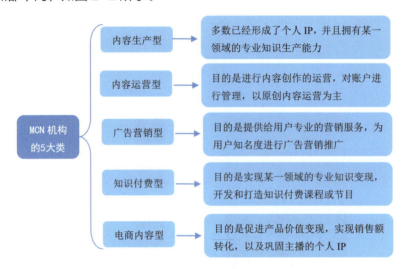

图 2-2　MCN 机构的 5 大类

与进行个人直播相比,如果以主播的身份进军直播带货行业,选择签约 MCN 机构是一个不错的选择。如图 2-3 所示,为淘宝直播平台优质 MCN 机构的签约通道。

图 2-3　淘宝直播平台优质 MCN 机构的签约通道

对于刚进入直播带货行业的新人来说，签约 MCN 机构可以带来一些好处，具体体现在以下 5 个方面。

（1）获得更多曝光机会。对于有潜力、有价值的新人主播，MCN 机构会提供资源帮助其获得更多的曝光机会。

（2）有接受系统培训的机会。新人主播刚接触直播带货行业，难免会缺乏经验，MCN 机构可以提供专业的指导，帮助新人主播快速成长起来。

（3）可以获得基本的生活补贴。直播带货前期需要投入一定的成本，签约 MCN 机构之后，MCN 机构会垫付前期的投入成本，还会给主播基本的生活补贴。

（4）可以互相成就。主播进行直播带货时，与 MCN 机构的目的是一致的，都是为了获取更多的利益，两者互相合作可以实现共赢。

2.1.3 团队直播

进行团队直播时，除了出镜的成员外，还有其他负责幕后工作的人员进行分工合作。团队直播有利于实现每个人的价值，并且好的团队更有利于推动主播的发展。

一个个人 IP 的产生，需要一个团队共同的努力。对于新人主播来说，选择团队直播，借助团队的力量，可以为其人设的定位与打造以及以后的直播运营工作带来很多便利。团队直播的方式常见于电商类直播，一些本身已经有了一定规模的企业或店铺，都会配置自己的电商直播团队。以服饰类电商直播为例，一些主播会自行选择模特和助理共同参与直播。

如果想要搭建直播团队，在选择成员上，主播需要注意团队成员之间的分工协作。以电商直播为例，电商直播团队的分工可以划分为 4 种，即直播策划、直播场控、直播运营和直播副播，并且这 4 种分工又有不同的职责，如图 2-4 所示。

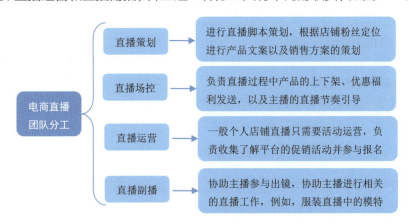

图 2-4 电商直播团队的 4 种分工及其主要职责

其中，团队直播成员的具体分工可以根据其直播间或店铺粉丝量进行配置。对于小型店铺和新人主播来说，直播时只需要主播一个人入镜，直播场控负责在幕后协助主播就足够了。

然而，对于大品牌或者有名气的主播来说，完成一场直播通常需要团队中多人分工协作。在直播前的一段时间，直播团队就需要确定好合适的带货产品，做好试播和时间规划，并提前策划好直播脚本。主播进行直播带货时，需要多名场控维持直播间的秩序、活跃直播气氛。直播结束之后，还需要制作人员剪辑直播带货过程中的一些视频片段，并将其发布到社交平台或视频平台上，以此来吸引更多用户观看直播。

2.2　助力提升直播效果的专业装备

要想做好直播带货，除了依靠带货主播自身的才艺和特长外，还需要有各种硬件装备的支持，包括摄像设备的选择、灯光音效的调试、电子设备的选购以及网络环境的营造等。本节主要介绍直播间的装备，帮助进行直播带货的新人打造一个完美的直播间。

2.2.1　摄像设备的购置

想要进行直播，摄像头是必不可少的。摄像头的功能参数直接决定了直播画面的清晰度，影响着直播效果和受众的观看体验。那么，该如何选择一款合适的摄像头呢？具体来说，在购买摄像头时，我们主要应考虑以下3个因素。

1）摄像头的镜头

摄像头的镜头主要由几片透镜组成，而透镜主要分为两种，一种是玻璃透镜，另一种是塑胶透镜。目前，市面上大多数摄像头产品都是由塑胶透镜或半塑胶半玻璃透镜组成的。由玻璃透镜组成的镜头成像效果较好，但是其成本也较高。

2）摄像头的功能参数

参数越高，所输出的视频分辨率就越高，呈现的视频画质也就越清晰。

3）摄像头的价格

对于大多数普通人来说，购买任何东西都是有预算的，这时产品的性价比显得尤为重要，因为谁都想花更少的钱体验更好的产品。

2.2.2　直播环境的打造

有了摄像头之后，接下来笔者与大家分享如何打造一个漂亮的直播环境。说到直播环境，就不得不提直播间灯光效果设置了，因为灯光的设置会直接影响到主播的外在形象，所以灯光是打造直播环境的重点。

直播就是主播通过摄像头将内容画面或自己的影像实时地传递给屏幕前的用户,所以灯光尤为重要。不同的灯光所呈现出来的视觉效果不同,这就是为什么有的主播看上去皮肤状态很好,而有的主播面部则是黯淡无光的原因。因此,对于主播而言,灯光效果是非常重要的。直播间的灯光类型主要分为 5 种,其作用如图 2-5 所示。

图 2-5　直播间的灯光类型及其作用

了解了直播间的 5 种灯光类型之后,接下来笔者将详细讲解每种灯光的摆放位置,并分析这些灯光以不同的角度和不同的灯光搭配而呈现出来的环境效果。

1. 主光

主光灯须放在主播的正面位置,且与摄像头镜头光轴的夹角不能超过 15°。这样做能让照射的光线充足而均匀,使主播的面部看起来很柔和,从而起到磨皮美白的美颜作用。但是这种灯光设置也略有不足,那就是没有阴影效果,使画面看上去缺乏层次感。

2. 辅助光

辅助光宜从主播的左右两侧与主光呈 90°夹角摆放。当然,还有一种更好的设置方法,可以将辅助光放置在主播左前方 45°或右后方 45°进行照射。这样做可以使主播的面部轮廓产生阴影,并产生强烈的色彩反差,有利于打造主播外观的立体感。但需要注意的是,灯光对比度的调节要适度,以防止面部过度曝

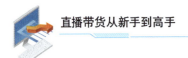

光或局部太暗。

3．轮廓光

轮廓光要放置在主播的后面，以便获得逆光的效果，这样做不仅能够让主播轮廓分明，还可以突出主播的主体地位。在使用轮廓光的时候必须注意把握光线亮度的调节，因为光线亮度太大可能会导致主播这个主体部分过于黑暗，同时摄像头入光也会产生耀光的情况。

4．顶光

顶光是从主播头顶照射下来的主光线，其作用在于为背景和地面增加亮度，从而产生厚重的投影效果，这样有利于塑造轮廓的造型，起到瘦脸的作用。但要注意顶光的位置离主播的位置尽量不要超过 2m，而且这种灯光也有小缺点，那就是容易使眼睛和鼻子的下方产生阴影，从而影响直播画面的美观性。

5．背景光

背景光的作用是烘托主体，为主播的周围环境和背景进行照明，营造各种环境气氛和光线效果。但是在布置的过程中需要注意，由于背景光的灯光效果是均匀的，所以应该采取低亮度、多数量的方法进行布置。

以上 5 种灯光效果的设置是打造直播环境必不可少的设备，每种灯光都有各自的优势和不足，主播需要设置不同的灯光组合。灯光效果的调试是一个比较漫长的过程，只要有耐心，一定能找到适合自己的灯光组合。

2.2.3　直播音效的提升

直播实际上是一种视频和音频的输出，视频的输出靠的是高清的摄像头，而音频的输出靠声卡和麦克风，这 3 样东西是直播设备的核心硬件。所以，不光要选择一个好的摄像头，选择一款好的声卡也尤为重要。声卡主要可分为内置声卡和外置声卡两种类型，下面笔者将对这两种声卡类型分别进行详细介绍。

1．内置声卡

内置声卡，顾名思义就是集成在台式电脑或笔记本电脑主板上的声卡，现在我们新买的电脑中都会预装内置声卡，只需要安装对应的声卡驱动就能使其正常运行。

2．外置声卡

外置声卡需要通过 USB 接口和数据线连接在笔记本电脑或台式电脑上，然后安装单独的驱动（有些外置声卡插入即可使用），再将内置声卡禁用，选择新安装的外置声卡为默认播放设备即可。

内置声卡和外置声卡的区别还是比较大的，接下来笔者将从3个方面讲述它们之间的区别，如图2-6所示。

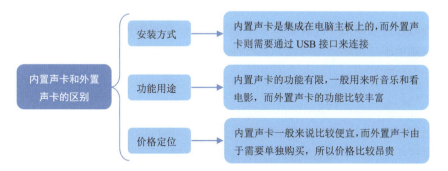

图2-6　内置声卡和外置声卡的区别

由于大多数内置声卡功能有限，不能满足主播直播的需求，所以，主播可以选择购置一个外置声卡。和摄像头的选择一样，声卡的选购同样也要考虑其性价比。当然，如果预算充足，主播可以选择购买性能比较好的外置声卡，以便让直播音效更好。

2.2.4　麦克风的选择

麦克风俗称"话筒"，主要可分为电动麦克风和电容麦克风两种类型，而电动麦克风又以动圈麦克风为主。当然，还有一种特殊的麦克风，就是我们在电视上或者活动会议上常见的耳麦，耳麦是耳机与麦克风的结合体。下面笔者就带大家了解动圈麦克风和电容麦克风各自的区别和特点，帮助大家选择适合自己的麦克风，如图2-7所示。

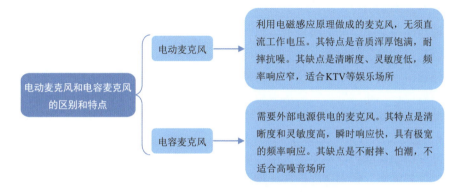

图2-7　电动麦克风和电容麦克风的区别和特点

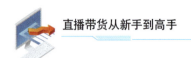

一般来说，由于用户对直播间音质的要求越来越高，大多数主播直播时用的都是电容麦克风。因此，电容麦的质量决定了主播直播间音质的好坏，影响着直播的整体效果，所以选择一款高品质的电容麦对主播来说非常重要。

2.2.5 主要直播设备的选购

要做好直播带货，还需要电子设备的支持。主要的直播电子设备有两种，一种是台式电脑或者笔记本电脑，另一种是手机。下面笔者将为大家详细讲解选购这两种设备的方法。

1．电脑

直播对于电脑设备的配置要求是比较高的，高性能的电脑与主播直播的良好体验是成正比的。下面笔者就对电脑的配置进行分析，给新人主播推荐合适的电脑设备。

1）CPU 处理器

CPU 的性能对电脑的程序处理速度来说至关重要，CPU 的性能越高，电脑的运行速度就越快。所以，在选购 CPU 的时候，我们需要注意 CPU 的参数。

例如，我们常在商品规格里看到的 3.0Hz、3.8Hz 等数据，这些就是 CPU 的参数，我们也可以把它理解为 CPU 的运算速度，参数越高，运算的速度就越快。除此之外，我们还需要注意 CPU 的核心数量，如 4 核、6 核和 8 核等参数就是核心数量。需要注意的是，核心数量并不是越多越好，我们不能一味地选择核心数量多的 CPU。

2）运行内存条

内存条的选择和 CPU 一样，要尽量选择容量大的内存条，因为内存条的容量越大，电脑文件的运行速度也就相应地越快。对于直播的需求来说，电脑内存容量的选择不能低于 8GB，如果预算充足，选择 8GB 以上的内存条更佳。

3）硬盘类型

现在市面上流行的硬盘类型一共有两种，一种是机械硬盘，另一种是固态硬盘。这两种硬盘各有优缺点，如图 2-8 所示。

随着科学技术的不断进步，固态硬盘的生产技术越来越先进成熟，固态硬盘的销售价格在不断降低，其容量单位也在不断扩大，主播也就不用担心选购固态硬盘的成本预算问题了。

4）显卡

体现电脑性能的又一个关键配件就是显卡，显卡配置参数的高低会影响电脑的图形处理能力，特别是在运行大型游戏以及专业的视频处理软件的时候，显卡的性能就显得尤为重要了。电脑显卡对直播时的效果也有一定的影响，所以主播要尽量选择高性能的显卡。

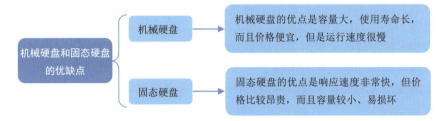

图 2-8　机械硬盘和固态硬盘的比较

2．手机

随着移动通信技术的不断进步，5G 时代已经到来，手机的网速也越来越快，这一点笔者深有体会。与电脑直播相比，手机直播的方式更加简单和方便，主播只需要一台手机，然后安装一款直播平台的 App 软件，再配上一副耳机就可以进行直播了。当然，如果觉得手持手机直播有点累，主播也可以为手机加个支架固定。

手机直播适用于那些把直播当作一种生活娱乐方式的人或者刚进入直播行业的新人，因为手机的功能没有电脑强大，所以有些专业的直播操作在手机上是无法实现的。

虽然直播对手机配置的要求没有电脑那么高，但是主播选购手机时，也要注意手机的配置参数，然后在预算范围内选择一款自己喜欢的手机款式即可。如今，手机行业技术和功能更新越来越快，而且市场也接近饱和，"手机饭圈化"现象十分严重，同一个手机品牌，同等价位的机型其参数配置以及功能几乎一样，只不过是换了个外观和名字而已。

2.2.6　直播设备的补充

除了前面所讲的摄像头、灯光、声卡、电容麦以及电脑和手机这些主要的直播设备之外，还有一些直播间的其他设备需要我们考虑，比如网络宽带的要求、直播支架和监听耳机的选购等。本小节就来介绍这些设备的选择要求。

1．网络宽带

因为直播主要是通过互联网与受众建立沟通与联系，没有网络是万万不行的。所以，主播直播时必须要在直播的地方安装一个网速足够快的宽带。直播对于流量的消耗是巨大的，即便是业余直播，主播也要在有 Wi-Fi 的环境下进行，否

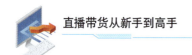

则用流量来直播是要多付出很多成本的。

目前市面上的通信运营商主要有 3 家，分别是中国移动、中国联通和中国电信，大家根据自己的实际情况选择即可。对于宽带网速和套餐，笔者建议主播至少要选择 50 兆以上的宽带套餐。

直播间的网络状况决定了直播是否能够顺利地进行，如果宽带网速不给力，就会造成直播画面的延迟和卡顿，这样不仅会严重影响主播的直播进程，而且也会大大降低用户的观看体验，导致部分用户中途离开直播间，造成直播间人气的波动。

2. 直播支架

不管是电脑直播还是手机直播，主播都不可能长时间用手拿着电容麦克风或手机。所以，这时候就需要用支架进行固定，这样能使主播更加轻松愉快地进行直播。关于直播支架的选择，没有什么特定的产品或品牌来参考，大家可以直接去淘宝、天猫等电商平台下单购买，价格也很便宜。

3. 监听耳机

在直播中，主播为了随时关注自己直播的效果，需要使用监听耳机，以便对直播的内容进行优化和调整。监听耳机是指没有经过音色渲染的耳机，它可以让人听到真实的、未加任何修饰的音质，它被广泛地应用于各种领域，如录音棚、配音室、电视台以及 MIDI 工作室等。

监听耳机主要具备两个特点：一是频率响应足够宽、速度快，能保证监听的频带范围内信号失真尽量小，具有还原监听对象声音特点的能力；二是坚固耐用，容易维修和保养。那么，监听耳机和我们平时用的普通耳机究竟有什么不同呢？笔者总结了以下 4 点。

（1）监听耳机由于没有经过音色渲染，所以对声音的还原度高，保真性好；而普通耳机一般是经过音色渲染和美化的，声音听起来会更动听。

（2）监听耳机能有效地隔离外部杂音，能听到清晰准确的声音，隔音效果非常好；而普通耳机的封闭性一般，经常会出现漏音和外界杂音渗入的情况。

（3）监听耳机主要用于广播监听、扩声监听、专用监听的场景，以提高声音的辨识度；普通耳机一般用于听音乐、看电影以及玩游戏等。

（4）监听耳机为了声音的保真性，制作材质普遍较硬，所以佩戴舒适度一般；普通耳机的质量较轻，设计也符合人体结构学，所以佩戴起来比较舒适。

关于监听耳机的选购大家可以去淘宝、天猫等电商平台搜索相应的关键词，选择自己喜欢的或者合适的产品即可。

2.3 规划氛围浓厚的直播场地

购买到一整套直播必备的设备之后，我们就要开始设计一个符合自己直播风格的直播间了。漂亮美观的直播间能提升受众观看直播的体验，为主播吸引更多的粉丝和人气。本节笔者将从直播间背景的设计、产品的摆放和吸音毯的铺设这3个方面来详细分析直播场地的布置。

2.3.1 设计合适的直播背景

直播间背景的设计原则是简洁大方、干净整洁，因为不仅主播的外观造型会影响到用户对直播的第一印象，直播间的背景同样也能给用户留下深刻印象。

所以，直播间的背景墙纸或背景布的设计风格可以根据主播的人设、直播的主题，以及直播的类型来选择。例如，主播的人设是一个可爱的美少女，就可以把直播间的背景风格打造成可爱的风格，如图2-9所示。

图2-9 可爱风格的直播背景

需要注意的是，直播间背景的视觉效果非常重要，所以主播在布置直播间时，需要设置合适的背景颜色，不要给人眼花缭乱的感觉，以简约的风格为主，颜色尽量不超过3种。因为布局杂乱的直播间，很容易拉低主播的档次，直接影响产品在用户心中的价值。

2.3.2 产品摆放整齐有序

和直播间的背景设置一样，直播间物品的摆放也是有讲究的。房间的布置不仅要干净整洁，物品的摆放和分类还要整齐有序，这样做不仅能够让主播在直播的时候做到有条不紊，而且还能给用户留下一个好印象。

杂乱的直播间会让用户观看直播的体验很差，也会让用户对产品的质量产生疑虑，这是每一位主播尤其要注意的问题。产品的陈设可以根据直播的类型来设置。如果是销售美妆类产品的直播间，主播就可以摆放一些口红、粉底液或其他相关产品，如图2-10所示。

图2-10　美妆直播的物品摆放

直播间物品的陈设一定要符合直播的风格或者类型。只有这样，才能提升主播的专业度和直播间的档次；才能吸引更多用户和粉丝观看直播，并停留在直播间内；才能给用户留下一个深刻印象。

另外，对于主要推荐的产品，主播需要对其进行重点展示，这样可以让直播间的每一个用户都能看清楚主播主推的产品，并加深用户对产品的印象，使产品得到推广。例如，一些主播在直播时，通常会把主推的产品有序地陈列在自己的身后，如图2-11所示。

图2-11　主播把主推的产品陈列在身后

2.3.3 铺设吸音地毯降音

如果是多人直播，主播可以在直播间铺设一层吸音毯，这样可以有效地降低直播时产生的噪音，如图 2-12 所示。

图 2-12 吸音地毯

吸音地毯也是许多公司和企业办公场所必备的材料之一，这是因为员工在办公时，难免会产生许多杂音，而公司为了给员工提供一个较为安静的办公环境，就会使用这种地毯。主播在选择吸音地毯的时候，需要注意地毯的颜色要与直播间的整体设计风格相协调，这样才不会显得地毯的颜色过于突兀。

2.4 设置引人注目的直播预告

当主播把直播的设备都准备妥当，把直播场地也布置好了之后，接下来就可以正式开始直播了。不过，在直播开始之前主播还需要做好直播间的预告设置工作，包括直播时间的规划、直播封面的选择、直播标题的确定等一系列工作。本节主要讲解直播开始之前的预备工作，让直播带货能够顺利进行。

2.4.1 直播时间的规划

直播时间的规划就是提前规划好直播开始的时间以及发布直播预告的时间，并把主播的直播时间提前通过预告的形式通知用户，如图 2-13 所示。其中，直播开始的时间就是指主播正式开始进行直播的时间点。而直播预告的时间指的是主播的直播预告要在什么时候发布，这个发布的时间必须早于直播开始的时间。

每天开直播的主播很多，而且在同一时间段开播的直播间也很多，大家聚集在同一时间段开播，无疑增大了流量争夺的压力。例如，晚上 19 点是下班时间，很多用户会在这个时间段观看直播，因此无数主播也会在这个时间段开播。然而，对于中小主播来说，在高峰期开直播，很难抢到稳定的流量。所以，可以主动避开这些高人流聚集的时间段，减轻和其他主播竞争带来的压力。

图 2-13　主播直播时间的预告

2.4.2　直播封面的选择

直播的封面就相当于产品的营销宣传海报，是吸引用户注意力的手段之一。所以，直播的封面图片务必要足够吸引人的眼球，让用户产生想要观看和了解直播的欲望。那么，主播要如何才能设计出有特色的直播封面图片呢？关于直播封面图的设计规范，笔者总结了以下 4 点，如图 2-14 所示。

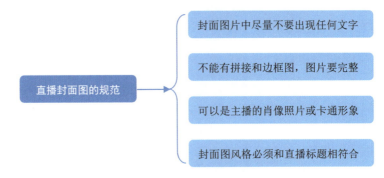

图 2-14　直播封面图的设计规范

2.4.3 直播标题的确定

除了直播封面的设计之外，直播标题的打造也非常重要，标题和封面决定了直播的点击率和人气，所以主播要想吸引更多的用户和流量，就必须撰写一个符合用户需求且能引起用户好奇心的标题。那么这样的直播标题该如何打造呢？笔者根据自身的经验总结了以下4个撰写直播标题的方法和技巧，如图2-15所示。

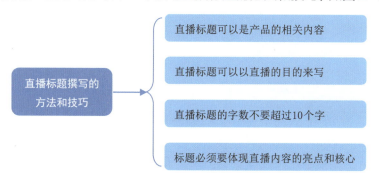

图 2-15　直播标题撰写的方法和技巧

总而言之，直播标题的打造要求以在第一时间吸引用户的眼球为标准，下面我们就来看一些比较吸引人的直播标题案例，如图2-16所示。

图 2-16　直播标题的案例展示

以上是拼多多平台上部分直播间的标题，从图片中我们可以看出，这些标题大多用了福利、秒杀等字眼，其目的是抓住用户追求优惠的心理，利用产品价格的优势吸引用户进入直播间观看直播。

2.4.4 直播标签的设置

就像做自媒体需要设置内容标签一样，做直播也需要设置标签，标签设置得精准可以获得更多的平台推荐次数，提高直播内容的曝光度，吸引更多的流量和粉丝，而且"踩中标签"还有利于打造垂直内容，提升账号的权重。具体来说，主播在设置直播标签时，需要注意以下 4 点，如图 2-17 所示。

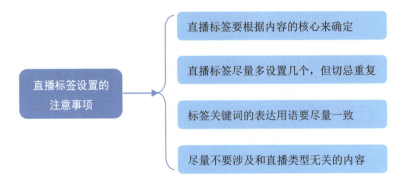

图 2-17 直播标签设置的注意事项

通过设置直播标签，主播可以加大自身直播的推广力度，让更多的人有机会看到自己的直播。在挑选标签时，主播首先要选择好直播的栏目，在栏目里根据自己的实际情况或者根据自己直播所面向的群体类型，选择直播标签。

2.4.5 直播选品的技巧

对于电商类主播的直播带货来说，直播产品的选品环节非常重要，产品的选择是否合适决定了主播的销量和业绩，也影响着主播的价值和收益。所以，主播在选择带货产品时要考虑以下几种因素，如图 2-18 所示。

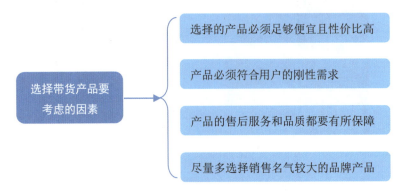

图 2-18 选择带货产品要的考虑因素

其实，在直播带货行业，真正重要的是产品和价格本身，以及整个供应链背后的运作团队。只要产品足够好，价格足够便宜，那么产品的销量就不会太差。

需要注意的是，在确定销售某款产品之前，主播首先要学会分析产品的基本情况，确保货源的质量，其次主播要了解产品的使用群体，确定所销售产品的市场需求和市场容量，再进行下一步工作，具体操作如下所述。

1. 进行产品用户分析

不同的用户有着不同的信息关注点，直播间的用户，性别、年龄和需求都不同，所以他（她）们对于产品的关注重心自然也不一样。

例如，同样一件外套，年轻女性会看重它的美观性，而年纪较大的女性会更加关注它的实用性。这时，主播就要学会了解用户的年龄和喜好，从而判断出她们的关注点、分析她们的购物心理，这样在选择货源时，便会有侧重点。

2. 了解产品款式的市场风向

由于直播带货行业发展迅速，市面上多样的产品给用户们提供了多种选择，大众对于产品需求的更新速度也越来越快。例如，某些美妆类产品在去年可能是许多带货主播主要推荐的产品，但是到了今年，这款产品很可能就已经落伍了，也就没有人愿意去购买了。

所以，主播只有了解产品的市场风向，才能满足用户的需求。同时，也能避免出现好不容易得到一批优质的货源，却因为产品过时只能低价出售或者留在库房里，成为压箱货的情况。

3. 进行产品市场容量分析

市场容量指的是在一定时期内，市场所能够吸纳某种产品或劳务的数量。在推销一款产品前，主播需要了解这款产品的市场需求空间以及需求量，根据市场容量及需求进行产品的选择，才可能有不错的销售额。

相反，如果市面上同类型的产品已经饱和，到处都是卖这款产品的商家，此时主播再跟着购入这款产品进行直播带货，那么这款产品将很难卖出去。

2.5 做好万无一失的运营准备

对于刚进入直播带货行业的新人来说，熟悉和掌握直播运营的工作流程是必备的技能之一。直播带货并没有想象中那么容易，这也是很多主播已经进入直播行业数年，粉丝却寥寥无几的原因。所以，要真正做好直播带货，主播不仅要掌握基本的运营知识，还需要注意规避直播时常犯的一些错误。下面笔者就向大家介绍直播运营工作的环节，以及规避直播间常犯错误的技巧。

2.5.1 直播运营工作的具体环节

直播运营的工作环节主要可分为 3 大板块，即内容运营、用户运营和数据运营，它们的具体内容如下所述。

1．内容运营

直播的内容运营包括直播内容的形式；直播的时间、时长以及内容的安排。常见的直播内容形式主要有 3 种，具体如下所述。

1）介绍产品

这主要是针对电商类的直播来说的，主播或商家会利用直播平台推广和销售产品，以提高产品的营销额。

2）讲故事、段子

对于那些有才华或者口才的主播来说，讲故事或者说段子是一种非常不错的选择，他们可以充分发挥自己的特长和优势吸引用户的注意力，挖掘自己独特的魅力，让自己成为不可复制的存在。

3）唱歌

以唱歌为直播内容的主播大多数拥有较高的颜值，以及甜美的声音。直播时，这些主播一般会以点歌的方式来与用户互动，满足用户的个性化需求。

2．用户运营

用户运营主要包括 3 个步骤环节，即引流拉新、用户留存和转化变现。

1）引流拉新

对于主播来讲，粉丝的数量是衡量一个主播的人气、影响力和商业价值的重要指标之一，所以引流和拉新是主播直播的重要目标。不同的互联网平台有不同的引流方式，对于刚做直播的新人主播来说，要尽可能利用一切推广渠道为自己的直播间增加用户和流量，这样能为以后的直播运营打好基础。

2）用户留存

当把其他平台的用户引流到直播间之后，接下来要做的就是如何留住这些用户，将其转化为自己的粉丝。要提高直播间的用户留存率，就要持续输出优质且有创意的直播内容，满足大部分用户的需求。

3）转化变现

直播的目的是为了流量变现，所以当主播积累了一定数量的粉丝之后，就要借助这些粉丝进行转化变现了。直播变现的方式有很多种，常见的方式就是用户给主播刷礼物，主播可以根据自己的实际情况选择适合自己的变现方式。

另外，主播也可以通过策划各种直播活动来增加与用户的互动，这样能增强粉丝的黏性和忠实度，有利于提高转化率。

3. 数据运营

任何工作和运营都离不开对数据的统计和分析，随着互联网技术的不断发展，数据分析也越来越精确，效率也越来越高，特别是大数据时代的到来大大地促进了企业对市场和用户人群的分析能力。对于直播这个行业来讲，数据运营是十分有必要的，因为通过对直播各种数据的分析，可以优化和完善自己直播的各个环节，有助于自己在直播行业的发展和进步。

当主播的直播事业发展水平达到一定的高度时，就会形成相应的品牌效应，也就是现在最流行的 IP 概念。类似于一些顶级的网红主播，他（她）们往往不需要一个人"单打独斗"，而是有专业的运营团队和完整的产业链帮其进行直播的运营。

2.5.2 规避影响直播的常见错误

在直播间中，主播需要长时间和用户进行沟通，了解用户的购物需求，解决用户提出的问题。因此，主播很容易分身乏术，顾不过来。

而且在直播的过程中，很容易出现直播间气氛上不来，冷场的局面。为了避免这种情况的发生，机构和主播都需要对直播过程中出现的相关问题进行诊断优化，从而更好地稳固、提升直播间的人气。具体来说，主播在直播过程中，可以从以下 4 个方面规避直播过程中出现的问题，保证直播效果。

1. 规避常见问题，维持人气

主播在直播过程中，很可能会因为遇到一些常见的问题，导致直播间内的用户流失。下面笔者就对直播间常见的 3 个问题进行讲解，希望给读者提供借鉴。

1）离开镜头，长时间不看镜头

眼神是一种情感表达和交流的方式，在直播时，主播通过屏幕和用户进行眼神交流是很重要的，它可以让用户感受到主播的用心和真诚。以直播形式和用户进行沟通本来就有局限性，尤其是个人主播，当你在直播过程中全程只有一个人操作时，就很容易出现离开镜头的问题。

2）直播时间不固定，随意下播

在固定的时间段直播，可以养成用户定时看直播的习惯，主播的直播时间不固定或者在直播过程中随意下播，那么用户在以往的时间点来到平台，却没有看到该主播的直播间开播时，就会点进其他的直播间。

3）直播顶峰出现断播、停播

主播在自己的直播顶峰期出现断播、停播等问题，对个人直播间来说，基本是一种毁灭性的行为。所以我们可以看到，即使是直播行业的顶级主播，他们也时刻保持着高频率的直播次数。这是因为主播在直播顶峰期断播、停播，相当于离开了唯一的曝光平台，只会逐渐被粉丝遗忘，之后再重新开播，影响力也会大不如前。

2. 直播松弛有度，减轻压力

因为一场直播的时间通常会比较长，主播很难让直播间一直处于"高潮"状态，如果直播一直冷场，就会留不住用户。所以，在直播的过程中，主播要把握好直播的节奏，让直播松弛有度。只有这样，才能增加用户的停留时间，让更多的用户购买你的产品。

一个优质的主播，一定会给大家放松的时刻，更能让直播间松弛有度。那么，如何在带货短视频直播中营造轻松的时刻呢？例如，主播可以在讲解产品的间隙，通过给用户唱歌或发起话题讨论等，与用户互动，使用户产生一种宾至如归的感觉。

除此之外，当直播进入尾声时，为了维持直播间的人气，主播还可以利用抽奖名单或领福利的活动让用户重新活跃起来。

3. 提前测试产品，避免"翻车"

主播在直播过程中向用户推荐某款产品时，一般会展示产品的使用效果，如图 2-19 所示。

在这个过程中，如果主播不了解产品，导致产品的使用效果没有被展示出来，就有可能影响产品的销量。所以，主播或直播团队必须做好万全准备，提前测试产品。在直播前，主播一定要对产品有所了解，特别是功能型的产品。对于这类产品，主播要提前对产品进行测试，保证直播时能向用户呈现更好的使用场景，否则就有可能"翻车"。

例如，某主播在进行直播带货时就"翻车"了，他向用户推荐的是不粘锅，可是在展示产品使用效果的过程中，却粘锅了，这一"翻车"事件瞬间成为各大平台的热门话题。团队了解原因之后，发现是主播操作不当才闹了笑话。

对于主播来说，没有提前了解产品的使用方法就向用户展示产品，是一种不专业的体现。针对这个问题，主播或运营团队可以在选品时，用心确保所选产品的质量。在直播前提前测试产品，主播要掌握正确的操作方法，向用户展示更好的使用效果。

图 2-19 主播展示产品的使用效果

4. 学会适当借力，减轻负担

主播在进行直播带货时，一边要不断地向观众推荐产品，一边还要活跃直播间的气氛。此外，还要有针对性地回答直播间用户提出的各种问题，工作量非常大。

所以，为了更好地加快直播速度，就可以适当地借助工作人员的帮助。例如，主播可以和助理一起直播，适当地借助助理来减轻工作负担，还可以在直播过程中与助理互动，讨论一些消费者感兴趣的话题，营造轻松活跃的直播间氛围。

此外，如果主播暂时没有与用户互动，为了让直播间的人气活跃起来，工作人员还可以在镜头前和用户进行沟通，让用户有受到重视的感觉，如图 2-20 所示。

图 2-20 工作人员在镜头前与用户沟通

第 3 章
做用户喜欢的直播策划

学前提示

进行直播带货时,主播只有持续地输出用户感兴趣的内容,才能维持直播间的热度,吸引更多用户,从而提高产品的销量。

本章笔者将从直播带货的内容、文案以及脚本这3个方面讲述如何做用户喜欢的直播策划。

3.1 打造爆款直播间的内容策划

打造吸引用户注意力的直播内容对主播来说是重中之重,只有持续地输出吸引人、有价值的内容,才能在直播带货行业长期发展。本节笔者将主要分析直播带货的内容类型,并为大家分享一些打造高热度直播内容的技巧。

3.1.1 分析直播带货的内容类型

直播带货的目的是让流量变现,所以我们可以发现,大部分主播直播的内容都是以卖货为主。但是一些主播并不是单纯地卖货,而是在卖货的同时引入一些场景,或者在直播间内做一些知识分享。

除此之外,还有一些主播直播的内容以展示产品的生产场地以及产品的制造工艺为主。因此,直播带货的内容可以分为4个类型,具体如下所述。

1. 单纯卖货型

单纯卖货型直播的内容比较简单粗暴,在直播的过程中没有很多娱乐性的内容,主播讲解一件产品的时间比较短。一般来说,单纯卖货型直播的主播经常在直播间内以秒杀以及其他类型的促销活动来吸引用户,如图3-1所示。

图3-1 单纯卖货型主播以秒杀活动吸引用户

2. 场景引入型

场景引入型直播的内容以展示产品的使用场景为主，一般来说，销售健身器材、家居百货类产品的主播会利用这种方式进行直播。如图 3-2 所示，为场景引入型直播的直播间。

图 3-2 场景引入型直播的直播间

3. 知识分享型

知识分享型直播的内容主要是主播把总结的知识成果与用户共同分享，达到引导用户下单的目的。例如，销售美妆以及护肤类产品的主播会与用户分享化妆或者护肤小知识，通过"种草"的方式向用户推荐产品。

4. 供应链型

供应链型直播的内容以展示产品的生产产地以及生产工艺为主。销售水果、水产以及其他食品类产品的主播通常会采用这种方式进行直播。如图 3-3 所示，为供应链型直播的直播间。

图 3-3　供应链型直播的直播间

3.1.2　进行直播带货的 3 个要素

直播带货与传统的门店销售方式一样，都围绕着 3 个要素进行，这 3 个要素分别是人、货和场地。与传统门店销售方式不同的是，在直播带货中，主播扮演着"人"的角色，把传统的卖场搬到了线上。因此，要做好直播带货的内容，还需要回归到这 3 个要素中。

1．主播

在传统的门店销售方式中，销售员承担着其中一个重要的要素，那就是"人"。而在直播带货行业中，"人"由销售员转变成了直播间中的主播、商家以及观看直播的粉丝。作为直播带货重要的要素之一，主播要充分发挥自身的主导作用。那么，在直播带货的过程中，如何发挥主播的作用呢？具体来说，我们需要做到以下两点。

1）选择合适的主播

因为用户进入直播间，首先看到的是主播，主播形象的好坏直接影响着用户对直播间的第一印象和直播间的留存率。所以，选择合适的主播很重要。而在选择主播时，我们需要考虑以下 3 个因素，如图 3-4 所示。

2）让主播持续增值

选择好合适的主播之后，我们还要为主播打造专业的人设，挖掘主播独特的魅力，让主播持续增值。例如，有责任感、为粉丝谋福利的"宠粉"人设；长相以及声音甜美的萝莉人设。此外，主播也可以根据自己的外在形象或者内在的性格找到适合自己的人设，用人设的魅力吸引用户成为自己的粉丝，再通过直播实现粉丝变现。

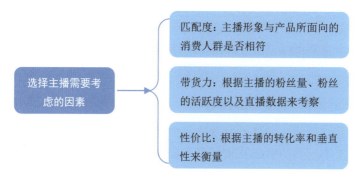

图 3-4　选择主播需要考虑的因素

2．产品

直播带货的目的是卖货，所以选择合适的带货产品特别重要。具体来说，选择产品时，可以参考以下 3 个策略。

1）分析粉丝群体的需求

虽然部分用户在观看直播进行购物时，会因为信任主播而盲目下单购买产品，但是大多数用户都是因为自身有需要才购买产品的。所以，主播要想成功地引导用户下单，就必须对用户的需求有所了解，对粉丝群体的需求进行详细的分析。

例如，在某淘宝的顶流主播"口红一哥"的粉丝群体中，女性粉丝偏多，美妆产品的需求比较大。所以，即使他带货的产品种类很多，他的带货方向仍然以美妆产品为主。

2）充分发挥低价的优势

用户之所以选择在直播间购买产品，是因为直播间内的产品比较便宜。所以，我们在选品时，需要选择价格较低的产品。需要注意的是，我们在考虑价格的同时，也需要注重产品的质量，确保产品的质量不差，给用户一个良好的购物体验。

3）产品有吸引人的卖点

产品的卖点直接关系到产品的销量，它表现在产品的外形设计、质量、实用性以及独特性这 4 个方面。我们在选品时，不但要选择有卖点的产品，还要保证这些卖点足够有吸引力。

3．场景

直播带货把传统线下门店的场景带到了线上，不仅带给用户更便捷的购物体验，还丰富了购物场景的构成元素。例如，主播、平台、用户、产品以及品牌就是构成场景的主要元素。其中，主播作为直播间主导者，便是直播场景的重要元素之一。

虽然直播带货能给用户带来不一样的购物体验，但是也存在不足之处。用户在直播间购买产品时，因为没有亲自试用过产品，所以难免会买到一些不适用的产品。此时，主播就要充分发挥自己的作用，对产品的细节进行展示，全面地介绍产品，向用户提出购买建议，帮助用户购买到合适的产品。

3.1.3 打造高热度的直播内容

了解了直播带货的内容类型以及3个要素之后，我们应该如何打造高热度的直播内容呢？本小节笔者主要从5个方面讲述打造直播带货内容的方法。

1. 用吸引眼球的封面图片

直播平台上直播间众多，如何让自己的直播间脱颖而出呢？对于主播来说，要吸引用户点进你的直播间，你的直播间封面对用户要有足够的吸引力。封面能影响用户的第一印象，人们对于美的事物往往更容易产生好感，因此好看的封面往往更能吸引用户的注意力。以下是一些常见的直播封面类型。

1）主播照片

一般来说，使用个人照片作为封面的通常是顶流主播的直播间或者销售美妆类产品的直播间。这一类型的封面图可以让用户直接通过封面就能选择到自己感兴趣的主播，为用户节省了选择的时间。

2）产品外观

主播以产品的外观作为直播间的封面，不但可以让用户知道直播间的产品类型，还能让用户了解直播的大致内容。如图3-5所示，为以产品外观作为封面的直播间。

2. 用包装增加直播的曝光度

高热度的直播内容是需要包装的，包括对主播形象、直播话术以及直播间背景的包装。这就是为什么一些MCN机构会对主播进行包装、培训的原因，旨在帮助主播打造个人形象。那么，我们如何对直播进行包装、增加直播的曝光度呢？具体可以从以下3个方面展开。

1）直播妆容

直播妆容可以根据主播的风格来选择，可以选择性感、可爱和御姐等常见的风格。确定好妆容后，主播就可以选择相应风格的服装进行搭配，或者佩戴相应风格的头饰。例如，可爱型的主播可以选择双马尾的发型，穿可爱风格的服装。

2）讲述故事

故事往往能够拉近人与人之间的距离，所以讲述故事也能起到调节直播间气氛的作用。另外，细节往往是故事中比较动人的地方，所以在讲述故事时，主播可以利用故事中的细节打动用户。

图 3-5　以产品外观作为封面的直播间

3）联想聊天

联想聊天主要是通过一些话语引发用户联想。例如，主播可以利用用户在直播间所发表的评论，选择合适的话题进行延伸。但主播在聊天时，需要注意把握分寸。无论是与用户交流时的表达，还是讲述事情时的语气，都需要注意维护自身的形象，不恰当的措辞可能会遭到禁播的处罚，甚至断送自己的主播生涯。

3. 用故事营造画面打动人心

直播的内容只有真正打动用户的内心，才能吸引他（她）们长久的关注。也只有那些能够留驻并承载用户情感的内容才是成功的。

所以，直播内容不是用文案堆砌起来就完事了，而是需要用内容组合成一篇带画面的故事。让用户能边看边想象出一个与生活息息相关的场景，才能更好地激发用户继续观看的兴趣。因此，我们在直播时不仅要告诉用户这是什么，还要告诉用户这个东西的功能和使用场景。

4. 直播内容要有侧重点

无论是做什么样的直播，内容都需要有侧重点。例如，销售美妆类产品的直播，侧重的就是分享美妆技巧以及种草产品；销售服装类产品的直播，侧重的就是展示产品的细节和穿着的效果。

5. 注重直播内容的创意

创意不仅是直播营销的一个重要元素，同时也是直播营销必不可少的"营养剂"。如果主播想通过直播带货来打造自己或品牌的知名度，就需要在注重内容质量的基础上发挥创意。创意可以表现在很多方面，它不仅是新鲜有趣的，还是贴近生活、关注社会热点话题、蕴含生活哲理、包含科技知识和人文情怀的。

如果内容缺乏创意，直播的内容就会成为广告的附庸品。因此，直播团队在进行直播内容策划时，一定要注重创意性。

3.2 构思吸人眼球的文案策划

直播文案是直播引流和营销的重要组成部分，想要吸引更多的流量，关键在于直播文案是否足够吸引用户的眼球。本节主要讲述直播标题和文案内容的写作技巧，以帮助主播提高直播间的人气，更好地进行引流和营销。

3.2.1 提高点击率的直播标题

要想吸引用户进直播间观看你的直播，一个好的直播标题是必不可少的。一般来说，除了封面之外，用户优先看的就是直播的标题了。所以，标题能起到"画龙点睛"的作用，它是决定用户是否点击进入直播间的关键因素之一。接下来笔者就来详细讲解直播标题的创作技巧，从而帮助新人主播提高直播间的点击率。

1. 用流行词汇来夺人眼球

流行词汇型的直播标题就是将网上比较流行的词汇、短语和句子嵌入直播标题中，让用户一看就觉得十分有新意。这种网络流行词汇经常被运用在微信朋友圈和微博中，因为这类网络流行词汇的传播速度非常快，读起来不仅诙谐幽默，还朗朗上口，所以很受大众的喜爱。

2. 用借势强化直播影响力

借势主要是借助热度，以及时下流行的趋势来宣传直播，具体来说，在借势的过程中要用好以下4个技巧，接下来笔者将一一进行讲解。

1）借助热点

热点的特点就是关注的人数多，所以巧借社会热点写出来的直播标题，其关注度和浏览量都非常可观。

主播平时可以多在网上关注明星的动态、社会事件以及国家新出台的政策等，然后将这些热点与直播的主题内容结合起来，这样能吸引那些关注和讨论这些热点的用户的注意力。

2）借助流行

很多主播在撰写直播标题时，会借用一些流行元素，以此来引发用户的情感共鸣，达到让用户点击进入直播间的目的。

3）借助名人

名人本身就有一定的流量，所以一些企业在发布新产品时，通常会请比较有知名度的明星来代言，借助名人的影响力或明星的流量来增加新产品的热度，强化宣传效果。借助名人的影响力可以大大提高直播间的人气，从而为直播带货起到很好的营销作用。借助名人的影响力一般可采用两种方式，一种是直接以名人的名字作为标题，另一种是请名人来直播间做嘉宾参与直播带货。

4）活动借势

在直播标题的撰写中，通过活动借势来打造或推广品牌非常有效。其中，大品牌运用活动借势的效果会更明显。大品牌用活动直播造势的例子有很多，例如，"双十一狂欢购物节""520告白节""京东618"等。

3．季节与某项技能相结合

"季节+某项技能"类型的标题可以快速吸引用户的注意力。主播在直播销售服装类产品或化妆类产品时，就可以用这种方法。例如"早秋的高级穿搭法则""冬天预防皮肤干裂的技巧"等。

4．用价格的优势刺激需求

在直播标题中突出价格优势是许多主播常用的引流技巧。下面笔者就来详细分析如何在标题中突出产品的价格优势。

1）直接把产品价格放在标题中

在直播标题内标明产品价格，是突出价格优势常用的一种方式，如图3-6所示。因为大多数观看直播进行购物的用户都喜欢价格便宜的产品，所以在直播标题中标明产品价格可以吸引用户的注意力。

2）标题中多用"福利"字眼

在标题中多用"福利"字眼也是突出产品价格优势的有效方式，用户对福利向来情有独钟，所以利用福利利诱用户点击进入直播间是非常有效的。

图 3-6 突出产品价格的直播间标题

3.2.2 提高转化率的直播文案

在直播带货的过程中,主播要事先写好相应的文案内容,这样才能在营销产品时更好地转化用户,促使其下单购买产品。所以,接下来讲述直播所涉及的文案类型和写作技巧,以帮助主播更好地营销产品。

1. 直播宣传文案的类型

直播宣传文案可分为预热宣传文案和产品宣传文案。所谓预热宣传文案是指直播开始前的预热宣传;而产品宣传文案则是指直播间产品的相关介绍。下面笔者将详细介绍这两种宣传文案的内容。

1)预热宣传文案

预热宣传文案可分为宣传海报和视频推广。一般来说,主播在直播前的一周左右,会在直播平台以及其他社交平台上进行宣传预热,这时就需要使用宣传的海报和视频了。

2)产品宣传文案

做产品宣传文案时,主播要将产品重要的卖点信息罗列出来,其主要内容包括产品品牌、产品亮点和产品价格等。

2. 直播间文案写作技巧

做直播间文案是为了对直播内容进行包装,从而吸引用户观看直播,提高产品的销量。所以，主播在写直播间文案时，要掌握一定的技巧。下面笔者总结出直播间文案写作的 4 个技巧，以供大家参考。

1）设置悬念引起用户好奇

在直播预热宣传文案中，设置悬念不仅可以引起用户的好奇心，还能引发用户进行思考，达到直播宣传推广的目的。下面我们来看设置悬念在直播文案中的运用，如图 3-7 所示。

图 3-7　主播设置悬念宣传直播

如图 3-7 所示为某知名主播采用填空题的形式来设置文案内容，这个文案内容便用了设置悬念的方法。主播可以通过这种方法，让用户看到该文案时思考文字中间空缺的内容，从而引发用户的好奇心。

2）用数字增强视觉效果

在直播文案的撰写中，运用精确的数字能让用户更直观地感受到产品的实力和优势，给用户造成视觉上的冲击。例如，淘宝某顶流主播在直播过程中就经常利用数字向用户透露产品的销量，给了用户极大的想象空间。

3）用比较突出产品优势

在产品的营销和销售中，主播经常会拿自己的产品与其他同类型产品进行对比，借以突出自家产品的优势，让用户更加直观、深入地了解产品的特点。这种比较的手段也被应用于直播带货的文案中。除了对比的手法，主播还可以把产品与其他事物进行类比，让用户更加具体、形象地了解产品的优势。

4）描述场景促使用户购买

主播在进行产品的营销时，要学会利用场景描述来激发用户的购买欲望。场景描述主要可分为使用场景的构建和产品卖点的联想这两方面。

构建产品的使用场景的目的在于挖掘用户的痛点，给用户提供一个购买产品的理由。例如，在介绍电热锅产品时，可以给用户提供这样的使用场景："没有燃气灶又想做饭时，就用这款神器。"

主播进行场景描述时，也可以形象地表达出产品的卖点和优势。例如，某主播直播销售香水时，就经常利用说辞来构建一个个具体的场景，用"恋爱中的少女，开心地去找男朋友，那种很甜的感觉""穿着白纱裙，在海边漫步的女生，非常干净的那种感觉""下过小雨的森林里的味道"等语句让用户产生联想。

主播通过具体的场景描述，不仅可以让用户产生联想，还可以激发用户的购买欲望，从而提升直播间的产品销量。

3.3 制作把控节奏的脚本策划

对于很多新人主播来说，他（她）们通常会遇到以下4个难题，如图3-8所示。

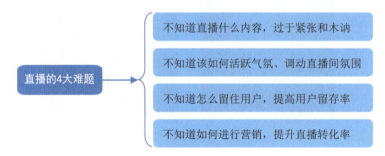

图3-8 直播的4大难题

对于以上问题，我们可以充分发挥直播脚本的作用，一份详细、专业以及可执行的直播脚本能够保证直播的顺利进行，帮助主播把控好直播节奏，规范好直播的流程，从而获得直播的预期效果。

除此之外，直播脚本还能让主播及其团队更好地进行直播的准备工作，提高各工作人员配合的默契程度。因此，在直播工作中，撰写直播脚本主要有3个方面的目的，如图3-9所示。

图3-9 写直播脚本的3个目的

此外，直播脚本的意义和作用也是巨大的，如图 3-10 所示。

图 3-10　直播脚本的意义和作用

由此可见，直播脚本在一场直播中发挥着重要的作用。那么，如何撰写直播脚本呢？笔者将为大家分析直播脚本的要素和分类，介绍直播流程的步骤，并做一个简单的脚本策划和活动方案，帮助大家掌握撰写直播脚本的技巧。

3.3.1　直播脚本的要素

在撰写直播脚本前，主播要对脚本的要素有所了解，下面笔者就对其要素进行详细解析，具体内容如下所述。

1．确定好直播带货的主题

直播脚本的第一个核心要素就是明确直播主题，也就是要搞清楚我们直播的目的是什么，以便确定好直播内容的大方向，让用户和粉丝知道这场直播能为他们带来什么，从而吸引精准的流量。

直播需要围绕中心主题来进行，如果内容与主题不符合，就会有"标题党"之嫌。这样本末倒置的直播内容会很泛很杂，让用户不知道你的直播所要传达的核心信息是什么，这样很容易引起用户的反感，从而造成粉丝的流失。

明确直播的主题是为了确保直播的内容方向不偏离，主播在确定好主题之后，就要始终紧扣主题去进行直播的内容分享。例如，如果直播的主题是夏季服装促销，主播就不能介绍其他季节的衣服。在进行直播的过程中，主播要尽量摒弃和主题不相关的话题和内容，垂直输出内容，这样才能提高直播的效果和主播的专业程度。

明确直播主题对直播营销的作用和效果也是显著的，一个好的直播主题能够大大地提升直播的热度和影响力。那么，我们该如何来确立直播的主题呢？确立直播主题可以从以下 3 个方面入手，具体内容如下所述。

1）明确直播目的

要想确定好直播的主题，首先就应清楚地知道自己为什么要直播，是为了营销带货还是为了扩大影响、提升知名度。如果是为了带货,直播的主题就要以产品为主,或者以优惠促销为噱头,吸引用户下单购买;如果是为了提升自身影响力,那么直播的主题就可以定位得广泛些。

2)迎合用户需求

对于商家和企业来说,顾客就是上帝。同样,在直播行业,对于主播来说,用户和粉丝就是上帝。因为用户和粉丝决定了主播的人气和直播的热度,没有粉丝基础的主播是很难火起来的。所以,我们可以从用户的需求出发,迎合其爱好来确定直播的主题。

从用户的角度切入主题,首先要了解用户的需求和痛点。那些火爆的直播之所以能够得到用户的喜欢,就是因为其迎合了用户的口味。例如,穿搭和美妆的直播通常比较受大众欢迎,这是因为直播面向的用户群体中,绝大多数是年轻人,这些年轻人通常都有爱美的心理,喜欢追求时尚。

虽然迎合用户的直播主题有一定的吸引力,但是在迎合用户需求时,主播需要注意以下3个问题,如图3-11所示。

图3-11 迎合用户需求需要注意的3个问题

此外,各种猎奇类的主题也能够吸引用户的眼球,主播可以从身边的事例中挖掘,也可以多借鉴那些热门主播的做法,这样有利于得到比较优秀的主题。

一般来说,一些主播会自己决定主题,然后再直接把内容呈现给用户。而如果按照用户的喜好来策划主题的话,就需要主播拥有较强的策划能力。为了调动用户参与的热情和积极性,发起投票活动让用户自己选择直播的主题是一种不错的方法。

3)抓住时事热点

在互联网快速发展的今天,热点就代表着流量。所以,主播还可以利用时事热点来确定直播的主题,根据热点确定的直播主题能够为直播间吸引大量的用户和流量,增加曝光量和点击量。

在确定直播主题时,主播要时刻关注市场的趋势和变化,特别是那些社会热点事件。不过,在找热点的时候,主播需要注意以下两点。

(1)抓热点要及时。

（2）主题内容要积极向上，负面敏感的信息不要去碰。

2．把握好直播现场的节奏

直播脚本的第二个核心要素就是要把控好直播的节奏，而把控直播节奏的重点在于做好直播场控。

当我们去看那些比较优秀的直播脚本时，可以发现它们的流程环节都安排得非常周密，甚至把每个时间段该做什么事情都安排得非常具体。例如，主播在几点几分开始预热、几点几分介绍产品以及几点几分进行互动等。

所以，把控直播的节奏其实就是规划好时间，只有确定每个时间段要直播的内容，主播才能从容自如地控制整个直播流程的发展方向。这样做能够提高直播的流畅度，优化用户观看直播的体验感，从而避免直播中途突然暂停或者主播面对突发状况不知所措的事件发生。

在直播过程中，直播的内容一定要和直播的目的匹配，这样有利于把控直播的节奏。那么，如何围绕直播的目的来打造直播内容呢？我们可以从以下3个方面来入手，如图3-12所示。

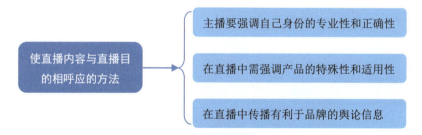

图3-12 使直播内容与直播目的相呼应的方法

要做好直播节奏的把控就需要对直播内容进行分阶段设置，列出直播的内容大纲，像做在线教育的直播课程一样，讲师在正式讲课之前会提前做好课件，对直播内容的知识点进行梳理，这样才能保证直播的顺利进行。

同时，把控直播节奏还需要主播时刻掌握直播间的主动权和控制权，拥有较强的场控能力。所以，主播要学会自己制造话题、寻找话题。当然，如果你能像那些人气主播一样，对每个话题都游刃有余，不管是诗词歌赋还是人生哲学，都可以滔滔不绝地向用户输出自己的价值观，拥有自己独特的观点和见解，就能获得一大批粉丝的喜爱。

要做到这一点，就需要主播平时注意积累经验，不断地学习和充实自己，开阔自己的视野。当然，主播也可以深耕某一领域，当你知道许多别人不知道的知识和技能时，自然就会拥有掌控直播间的底气和自信心。

除此之外，如果主播能力有限，要想把控好直播间的节奏，还可以借助专业直播场控的帮助。这些场控可以调节直播间的氛围，使主播更好地与粉丝进行互动，同时弱化自己，突出粉丝，增强粉丝的参与感和存在感。对主播来说，场控对活跃直播气氛、引导粉丝互动以及处理突发事件的作用十分巨大。具体来说，直播场控主要有以下几个职能，如图3-13所示。

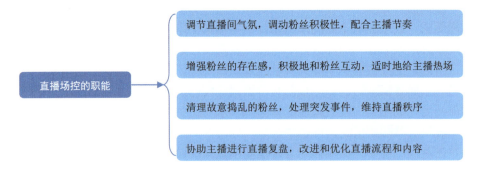

图 3-13　直播场控的职能

当然，场控在帮助主播管理直播间、把控直播间节奏的时候，也有一些需要注意的事项，如图3-14所示。

图 3-14　场控的注意事项

3．协调好直播团队的分工

在一些大型直播中，光靠主播一个人是无法顺利完成直播的。所以，直播的各个流程和环节都需要直播团队的配合。这就需要主播在直播脚本上备注好每个人的工作安排和职责，这样一方面能够提高直播运营的效率，另一方面还能培养团队成员之间的默契。

不管是什么类型的直播，其团队成员架构一般包含了4个角色，分别是主播、场控、运营和助理。例如，主播负责分享直播内容或介绍产品；场控负责活跃气氛，维持直播间的秩序；运营负责策划，协调团队和对接工作；助理负责辅助主播进行直播，做好开播的准备工作等。

当然，规模越大的直播团队，其直播工作人员数量也越多，角色也可能会因直播的实际需要而增加。

4．控制整场直播的成本

直播运营和操作也是需要一定成本的，例如给主播及其团队发放保底收益和底薪；做直播活动时要送出奖品或优惠券；购买直播所需要的设备和道具等。

所以，对于个人主播或中小型企业、商家而言，要严格控制直播的预算成本，就需要我们在直播脚本中提前规划好所有项目支出所能承受的费用。例如，设置赠送礼品的名额和礼品单价的上限。只有这样，才能用较低的人力、物力成本换取更多的直播收益。

5．合理安排活动互动环节

优惠、游戏和抽奖等互动环节安排在直播的哪个时间段，是需要在直播脚本中提前制定好的。一般来讲，抽奖活动是直播互动环节的高潮，合理地利用这些互动环节能够有效地提升用户的转化率。所以，一些主播往往会在特定的时间设置一些限时、限量的福利活动。

同时，主播在与用户互动时一定要营造急迫的气氛，反复强调福利的稀缺性和获取方式，例如："优惠大礼包只剩下最后几个名额了，机不可失，时不再来！"除此之外，还可以和用户进行情感互动、故事性互动等，增进彼此之间的感情。

3.3.2 直播脚本的类型

本节主要介绍直播脚本的4种基本类型，即大纲脚本、活动脚本、单品脚本和整场脚本，帮助主播们选择适合自己的直播脚本。

1．大纲脚本

大纲脚本一般包含9个模块，即直播目标、直播类型、直播简介（直播的主要内容）、人员安排、直播时间、直播主题、流程细节、推广分享和直播总结。它们的具体内容分别如下所述。

1）直播目标

首先应制定你的直播想要实现的目标，这个目标要尽可能地具体化，只有这样，你的直播才会有方向和动力。例如，直播的观看人数、转化率以及成交额等。

2）直播类型

当确定好目标之后，还要确定你的直播类型，也就是选择直播的标签或频道，你是要做销售服装的主播呢？还是想做销售美妆产品的主播呢？这个可以根据自己的爱好或者特长来选择适合自己的类型。具体来说，确定直播类型实际上就是锁定目标用户群，从而找到适合自己的发展方向，让直播内容满足特定用户群体的需求。

3）直播简介

直播简介是直播核心内容的提炼和概括，它可以帮助用户了解直播的大概内容，节省用户选择直播间的时间。

4）人员安排

让主播单独完成一场大型的直播活动是非常困难的。这时就需要组建直播运营团队，安排人员来协助主播完成直播的各项工作，这样能够集众人的力量把直播做得更好，也能减轻主播的负担。

5）直播时间

确定好直播的时间是直播大纲的一个重要组成部分，关于直播时间的确定需要迎合粉丝群体的生活习惯和需求。例如，如果是在星期一至星期五，这段时间绝大多数人都在工作或者读书，所以直播的时间可以定在晚上；如果是在星期六或星期日，主播直播的时间就可以定在下午或者晚上。

选择合理的直播时间能够增加直播的观看人数。主播确定好直播时间之后一定要严格地执行，并且做到准时开播，尽量使直播的时间段固定下来，这样能在用户心中建立信誉良好的形象，并能让用户养成按时观看直播的习惯，增强粉丝的黏性。

6）直播主题

直播的主题本质上就是告诉用户直播的目的是什么（这个目的不是对主播方面而言的），明确直播的主题能够保证直播内容的方向不会跑偏。直播的主题可以从不同的角度来确定，例如产品的效果展示、功能特色以及优惠福利等。

7）流程细节

直播的流程细节就是直播的脚本策划，是指开播后直播内容的所有步骤环节，每个步骤环节都有对应的时间节点。

8）推广分享

直播开始前和直播进行的时候要做好直播的宣传推广工作，包括各个平台渠道的引流和推广，尽可能地吸引更多人前来观看直播，以提升直播的人气和热度。

9）直播总结

直播结束之后，我们要对直播的整个过程进行回顾，总结经验、吸取教训，发现其中存在的问题和不足，对于一些好的方法和措施要保留和继承，以此来不断地完善和改进自己的直播。

2．活动脚本

活动脚本通常适用于电商平台直播带货，主播和商家会通过在直播间举办优惠、抽奖等活动来增强粉丝黏性，提高产品销量和营业额。直播的活动类型主要有两种，一种是日常活动，另一种是专享活动。

日常活动也就是平时举办的活动，这种活动的次数比较频繁，可以每天都有，但活动力度较小，因为要考虑预算成本。专享活动的特点是间隔较长时间才举行一次，活动时间不固定，而且活动力度较大。

3．单品脚本

单品脚本的实质就是只介绍一种产品，它主要是围绕产品来写的，其核心内容以产品卖点为主。在撰写单品脚本时，笔者建议大家用表格的形式制作，如图 3-15 所示。这样能够使脚本一目了然、清晰直观，方便工作的对接。

直播流程	直播内容	话术建议	
1.明确买家	1. 直播目的是招募分销商 2. 主要买家是批发商、淘宝掌柜	明确目的，明确买家，是自用还是招募代理	
2.需求引导	1. 产品好卖走量 2. 产品有利润	卖货强调就产品优势，体现主播专业性；招募供应商，体现供货稳定，产品好，热销	找到痛点
3.产品讲解	1. 款式介绍 2. 规格、面料、成分的详解说明 3. 核心优势点，材料好，透气性强	由表及里，分步骤描述：包装、规格、色彩、触感、特性以及使用时的感觉	
4.场景还原	1. 运动流汗，透气性强 2. 夏天穿着舒服凉爽…… 3. 对健身有要求的人群 4. 适合出街，好看街拍	联想产品在销售热卖的场景，生动地用语言描述出来，与客户产生共鸣	产品展示
5.卖点展示	1. 新款：明星同款新款 2. 好卖：淘宝销量高 3. 品质好，透气性强，实验对比	没有模特搭配，拿iPad，把明星穿着图和淘宝热销的截图展示出来 热水实验，拿其他产品对比实验	
6.深挖优势	1. 老店 2. 三项指标评分高于同行业 3. 源头厂货，供货稳定；检测标准高，品质好 4. 分销商回购量大，好评多	熟知店铺规则，扬长避短，讲解店铺优势 选择1～2个最突出最能打动人的产品优势进行深度讲述 复述客户对本产品的好评	提升高度
7.直播优惠	如果招募供应商，直播间拿样政策优惠力度大	为了拿到这个目的，要付出什么	降低门槛
8.限时限量	1. 限时抢购（某一整点进行活动） 2. 限量优惠（只有有限的数量可以提供）	用坚定的语言让粉丝感受的产品的稀缺，促成交易的达成	

图 3-15　单品脚本示范

以销售美妆产品为例，主播在介绍产品时可以围绕成分、规格、功效和保质期等进行解说，解说时要及时回答粉丝的问题，与用户进行实时互动。只有这样，才能让用户信任自己。

4．整场脚本

整场脚本就是编写整场直播的脚本，它是相对于单品脚本而言的，整场脚本里面包含了多个单品脚本，而且直播时间也比单品脚本要长得多。

编写整场脚本是为了规范正常的直播节奏流程和内容。一般而言，整场脚本都会包含时间、地点、产品数量和主题等几个要素。因为整场脚本就是对直播的方向思路进行规划和安排，所以它的重点在于逻辑和内容的撰写，以及对直播节奏的把控。一场完整的直播，时间大概持续 4 个小时，而且中间是不能休息的。具体来说，整场脚本需要明确以下 5 个要点，如图 3-16 所示。

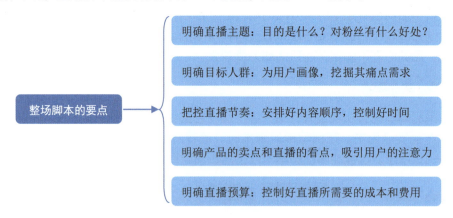

图 3-16　整场脚本的要点

3.3.3　直播脚本的流程

讲完直播脚本的要素和类型之后，本小节笔者就来为大家讲解直播脚本有哪些具体的流程，帮助新人主播做好一个专业的、完整的直播脚本，进而快速地提升自己的直播效果，提高直播间的人气，增加产品的销量和直播收益。

1. 开场预热拉近距离

首先，主播要进行开场预热，开场预热包括向粉丝打招呼、自我介绍以及欢迎用户的到来，介绍直播主题。在直播的前半个小时，主播不需要讲直播的具体内容，只需要不断地和粉丝打招呼，进行日常的互动即可。

有很多新人主播不知道如何与用户进行互动，其实很简单，当有用户进入直播间时，你可以对他（她）说"欢迎 XX 来到我的直播间"，这样会让用户感觉自己被重视，从而选择留下来观看你的直播。

当然，如果进入直播间观看直播的用户比较多，我们无法对每一个进入直播间的人都说欢迎语，就可以利用直播平台的功能，设置自动欢迎用户的文案。同时，你也可以和用户唠家常，拉近彼此之间的距离，还可以在直播间播放一些令人舒缓的音乐。

进行开场预热的另外一个目的就是优先提高直播间的用户观看量。一般直播刚开始的时候，是不可能所有的粉丝全部到齐的，所以主播需要在和已到粉丝的互动中等待其他粉丝的到来，只有等粉丝基本到齐，直播间的观看人数比较多的时候才可以正式开始进入正题，才能使直播获得较好的效果。

2. 引出话题调动情绪

等粉丝基本到齐之后，接下来主播就该正式切入直播的内容了。具体来说，主播可以从直播的主题或当下的热点事件中引入话题，这样可以调动粉丝的情绪。如果是电商类的直播带货，可以剧透本场直播的新款和主推款，也可以从产品的产地、口碑和销量等数据讲起，引起用户的兴趣和好奇心。

3. 开始介绍带货产品

引入话题之后，主播就可以开始介绍直播的产品了。这时，主播可以根据产品的单品脚本对产品进行介绍，重点突出产品的亮点和价格优势。

如果没有单品脚本，主播可以先将所有的产品款式全部走马观花地过一遍，不需要做过多的停留，但主推的爆款需要主播重点介绍。在这个过程中，主播不需要与粉丝互动，按照自己的节奏逐一地讲解产品即可。

接下来，主播就可以开始对每个产品进行详细的介绍和推荐，也可以根据粉丝需求对产品进行有重点的介绍。在直播的过程中，场控需要根据在线观看人数和产品的订单销售数据来引导主播对解说重点进行调整。当产品解说环节接近尾声时，主播就开始做呼声较高产品的返场演绎；当对不同类型的产品进行介绍时，我们需要规划好每个产品讲解的时间，这样才能把握好直播的节奏，使直播顺利地完成。

例如，销售尾货、零食类产品时，直播的节奏要较快，因为用户希望能快速地了解产品，从而做出购买决定。所以，主播讲解这类产品的介绍时间最好控制在 5 分钟以内。销售美妆、服装类的产品时，由于主播需要向用户展示体验效果，所以这类产品的介绍时间以 10 分钟为宜。

而家电、数码类的科技产品不仅要进行现场试用，还要求主播对其产品参数、功能特点有足够的了解，所以这类产品需要做 20 分钟的产品介绍。需要注意的是，主播在进行产品介绍时，要有自己的节奏，否则会打乱直播的计划。

4. 进入用户互动环节

主播介绍完产品之后，接下来就应进入和用户互动的环节了。这时，主播可以向用户询问他们对于产品的感受和看法，积极回答用户的疑问，充分了解其需求。不过最重要的是要想办法提高用户转化率，激发用户的购买欲望。

要做到这一点，就需要主播将直播的福利优惠活动告诉用户，或者发起抽奖送礼活动，提高用户参与的积极性，尽量留住用户。

5. 感谢用户引导关注

当直播快要结束时，主播要对本次直播的内容做一个总结，并感谢粉丝和用

户观看直播。对于那些观看直播还未关注自己的用户，主播要引导用户关注，并告知用户下次直播的时间以及福利活动的信息。另外，主播还需要教用户如何领取优惠券和购买产品，这也是直播带货中最重要的部分。

6．复盘优化直播脚本

下播并不意味着直播的结束，主播还需要对本次直播进行复盘，对直播的整个过程进行回顾，从中发现并总结出这次直播的优点和不足，并制定解决的方案，不断完善和优化直播脚本，为以后的直播提供经验和借鉴。

主播只有不断地复盘和总结，才能提高自己的直播技能和水平，使自己快速地成长。只有这样，主播对于脚本的应用才会更加炉火纯青。一个优秀的直播脚本一定有上文所讲的这些流程步骤，它可以让直播有条不紊地进行下去。

直播结束以后，主播要及时发放活动礼品或红包，确保用户的直播体验，也有利于树立自己的威信和增强粉丝的黏性。主播还可以剪辑一些与直播有关的视频，然后发布到各大互联网平台进行宣传推广，为直播吸引更多的流量。

3.3.4 直播脚本的演练

前面笔者提到了直播内容的流程细节，下面笔者将以淘宝直播为例，为大家做一个直播带货的脚本模板，帮助大家写好直播脚本。

1．直播主题

直播的主题即直播间的标题，该直播的主题为"吃鸡游戏本开学季特价"。

2．主播及介绍

此次直播的主播是"明镜"，该主播的身份是品牌主理人、数码博主以及头号玩家。

3．直播时间

2020年9月16日14点到18点。

4．内容流程

该直播的内容流程一共分为12个环节步骤，具体内容如下。

1）前期准备

直播开始之前的前期准备工作包括直播宣传、明确目标、人员分工、设备检查和产品梳理等。

2）开场预热

14:00~14:15：先与前来的用户适度互动，并自我介绍等。

3）品牌介绍

14:15~14:30：强调关注店铺。

4）直播活动介绍

14:30~15:00：直播福利、简介流程以及诱惑性引导。

5）产品讲解

15:00~16:00：从外到内，从宏观到微观，语言生动真实，有感染力。

6）产品测评

16:00~16:30：站在用户的角度全方位地体验产品。

7）产品性用户互动

16:30~17:00：为用户进行案例讲解、故事分享以及答疑解惑等。

8）试用分享、全方位分析

17:00~17:15：客观性，有利有弊，切忌夸夸其谈。

9）抽取奖品

17:15~17:30：抽奖互动，穿插用户问答。

10）活动总结

17:30~17:45：再次强调品牌、活动以及自我调性。

11）结束语

17:45~18:00：准备下播，引导关注，预告下次的内容和开播时间。

12）复盘

直播结束之后对整个过程及时进行复盘，以便发现问题，并调整脚本。

以上就是淘宝直播脚本策划的整个流程和步骤，只有制定一份详细、清晰和可执行的脚本，并且考虑各种突发事件的应对方案，才能保证直播的顺畅进行，从而达到主播的预期目的。

需要注意的是，直播脚本的内容并不是一成不变的，只有不断地优化和调整脚本，主播才能对直播的操作更加游刃有余。一份出色的直播脚本是直播取得不错效果的必要条件，可以让你的直播质量有所提升。

3.3.5 直播活动的策划

主播在直播时，可以通过举办活动来激发用户参与互动的积极性。本小节主要介绍直播活动方案的制定、直播开场的设计以及活跃氛围的玩法，以帮助主播制定更好的直播活动策划方案。

1. 制定活动的方案

在举办直播活动之前，主播要制定好直播的活动方案，一般来说，直播活动方案的模板有以下 3 个方面的内容，如图 3-17 所示。

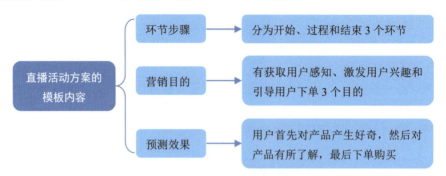

图 3-17　直播活动方案的模板内容

主播要以上面的方案模板为基础，围绕其中的核心内容来策划直播活动的方案，这样执行的直播活动才能获得预期的效果。

2. 设计直播的开场

在直播活动开始时，一个精彩的开场能够让用户眼前一亮，从而对直播活动充满兴趣和好奇。下面笔者就来讲解直播开场设计的 5 大要素，以及直播活动的开场形式，帮助主播取得直播活动的"开门红"。

1）开场设计的要素

俗话说："好的开始是成功的一半"，直播的开场设计非常重要，直播开场能够给用户留下第一印象，是决定用户是否继续留在直播间观看的关键。所以，要做好开场设计可以从以下 5 点着手，如图 3-18 所示。

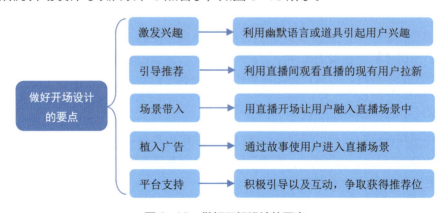

图 3-18　做好开场设计的要点

2）活动开场的形式

在直播活动策划中，常见的开场形式有以下 6 种，如图 3-19 所示。

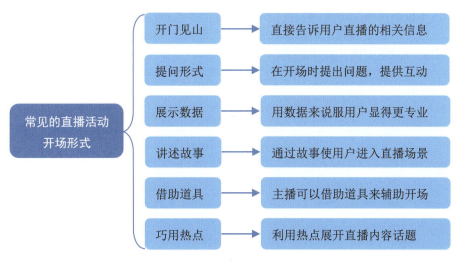

图 3-19　直播活动的开场形式

3. 活跃氛围的玩法

在直播活动中，主播可以通过弹幕互动、情节参与、赠送福利、发起任务以及礼物打赏等方式来和用户或粉丝进行互动，以提高直播间的活跃度。

1）弹幕互动

弹幕互动是近几年兴起的一种新的网络社交互动模式，典型代表莫过于 B 站了，正是因为 B 站这种独特的弹幕文化，把很多人聚集在一起。他们通过弹幕找到了热闹和快乐，治愈了自己的孤独感，这是 B 站用户黏性高的关键因素之一。同理，主播在直播带货时，也可以借鉴弹幕互动的方法活跃直播间的气氛。

2）情节参与

在直播过程中，主播可以按照用户要求来安排直播内容的情节，提高用户的参与感。例如，B 站某 UP 主就经常按照粉丝的要求模仿电影中的情节来做直播。

3）赠送福利

在电商直播带货中，主播可以利用赠送福利等优惠活动激发用户的购买欲望，促使用户下单，提高直播间产品的销量。

4）发起任务

主播可以在直播平台通过发起任务来和用户一起参与活动，增加和用户互动的机会，调动用户参与的积极性。

5）礼物打赏

礼物打赏是直播间常见的互动模式，粉丝给主播打赏礼物是出于对主播的喜爱和认可，所以主播应该对赠送礼物的粉丝表示由衷地感谢，并利用这个机会与粉丝积极地沟通交流、联络感情。

第 4 章
引流推广提高直播热度

> **学前提示**
>
> 进行直播带货时,主播要想提高直播间的热度,就必须利用多个渠道进行引流,吸引更多用户观看自己的直播。本章笔者将分析电商平台引流、社交平台引流、资讯平台引流、短视频引流以及内部福利引流的技巧,帮助大家更好地宣传自己的直播间,吸引更多流量。

4.1 营销效果惊人的电商引流

直播带货需要流量的支持,而电商平台便是互联网的大流量池。所以,电商平台是主播进行直播带货引流的重要途径。本节笔者将以淘宝、拼多多平台为例,向大家介绍电商平台的引流技巧。

4.1.1 淘宝直播的引流攻略

淘宝作为热门的电商平台,流量资源非常可观。所以,许多主播在进行直播带货时,都会优先选择入驻淘宝平台。那么,主播在淘宝平台做直播带货时,该怎么引流呢?目前,淘宝平台有多个可以增加曝光的模块,主播只要合理地利用这些模块,就会获得意想不到的引流效果。下面笔者就分别对这些模块进行介绍。

1."微淘"

对于中小型主播来说,要想节省推广成本就一定要抓住免费的流量,而"微淘"就是获取淘宝免费流量的重要模块之一。在"微淘"页面中,有"关注"和"直播"这两个频道,用户在"关注"频道可以看到已关注主播发布的微淘内容,如图4-1所示。从"直播"频道中,用户可以看到系统所推送的直播间,如图4-2所示。

图4-1 已关注主播发布的微淘内容

图4-2 "直播"频道中系统推荐的直播间

"微淘"中的内容很有可能会被系统推送到"淘宝直播""猜你喜欢"等频道中,

所以主播利用"微淘"进行引流是很有效的。因此，我们可以在"微淘"中看到许多主播发布的内容，并且这些内容都有一定的吸引力，引流的效果也非常好。例如，某淘宝达人主播发布的微淘内容，阅读量就超过了 10 万，如图 4-3 所示。

图 4-3　某淘宝达人主播发布的微淘内容

需要注意的是，要利用"微淘"达到引流的目的，主播就要制作出优质的内容，利用优良内容提高用户的点击量，为自己的直播造势。那么，主播如何打造优质的微淘内容呢？下面笔者分析两个打造微淘内容的要点。

1）内容要锁定精准人群

内容锁定精准人群是指主播发布的内容能够引起目标用户群体的关注。而要做到这一点，主播就要分析哪些用户会对自己的内容感兴趣，然后再把自己的内容风格向用户更感兴趣的方向深化。

例如，如果你推荐的产品价格比较便宜，那么关注你的很可能是学生群体，针对这一点，你在微淘上发布内容时，就要针对学生群体的喜好来发布；如果你的店铺主要销售的产品是女装，面向的就是女性用户，在微淘上就不要发布有关男装的内容。

2）蹭热门话题提高曝光率

利用热门话题可以提高内容的曝光率，从而间接地宣传自己的直播。在发布内容时，主播可以合理地利用微淘上的一些热门话题，蹭话题的热度为自己引流。

2. "猜你喜欢"

淘宝"猜你喜欢"模块中的直播间列表主要是系统根据用户的搜索、浏览、收藏以及购买等一系列行为生成的。如果主播能利用好这个模块，在短时间内就能实现流量暴涨。

不过，对于刚做直播带货，还没有人气的新主播来说，在直播间的点击率不高、不付费推广的前提下，很难让自己的直播间展示在"猜你喜欢"模块中。

3. 店铺首页

与达人主播相比，做店铺主播有一定的优势，那就是可以拿到一些达人主播拿不到的公域流量以及推广渠道。所以，对于店铺主播来说，完全可以利用店铺的优势进行引流。例如，店铺主播直播时，可以在店铺首页添加直播的时间预告，如图4-4所示；还可以在店铺首页直接添加直播间入口，如图4-5所示。

图4-4　主播在店铺首页添加直播提醒　　图4-5　主播在店铺首页添加直播间入口

除此之外，店铺主播还可以借助客服人员，让客服人员把直播的相关信息传达给用户，引导用户观看自己的直播。

4. 参加官方活动

参加官方的活动会获得一定的流量扶持，有利于增加直播间的曝光率和权重。所以，对于新人主播来说，参加官方活动可以给自己带来一定的效益。

5. 淘宝直播 App

淘宝直播是一款垂直电商直播购物 App，一般来说，使用这款 App 的用户购物意向相对比较强烈，所以对于主播来说，只要自己的直播间在淘宝直播 App 中有曝光的机会，就能吸引很多流量。那么，如何在淘宝直播 App 上获得更多的曝光机会呢？下面笔者分享 3 个技巧。

1）标题、封面有吸引力

通过淘宝直播 App，用户在"关注"页面可以看到已关注主播直播的动态，而当用户想观看其他主播的直播时，就需要在"直播"页面挑选感兴趣的直播间，点击直播封面进入直播间观看直播。如图 4-6 所示，为淘宝直播 App"直播"页面的直播封面。

图 4-6　淘宝 App"直播"页面的直播封面

这时，主播要想让用户在众多的直播间中进入自己的直播间观看直播，就必须让直播间的标题和封面有足够的吸引力，这样才能吸引用户的注意力。

2）利用短视频增加曝光率

淘宝直播 App 有一个与抖音类似的功能，那就是可以上传或者拍摄短视频。利用短视频，主播可以向用户种草产品，宣传自己，从而为自己的直播引流，如图 4-7 所示。

图4-7 一些主播在淘宝App发布短视频进行引流

4.1.2 拼多多直播的推广方式

流量的成本很高，主播在拼多多平台直播时，笔者总结出如下3种推广方式能够降低成本。

1．引导用户分享直播

拼多多开播前期的流量都是要靠自己拉的，所以主播在直播时，可以用发放优惠券领福利等方式让用户关注自己、分享直播。例如，拼多多平台上的主播在直播时，就经常利用发放现金红包的方式引导用户把直播分享至微信群中，如图4-8所示。

2．提高店铺的关注度

用户在拼多多App的"直播"页面通常能够看到已关注主播的开播动态，如图4-9所示。

这是因为系统会自动向关注店铺的用户推送直播的相关动态，所以主播提高店铺的关注度可以给直播带来更多的流量。而提高店铺的关注度，可以参考以下3个方法，如图4-10所示。

3．"多多搜索"引流

主播利用"多多搜索"推广工具可以制订直播间推广计划，当用户在搜索商品时，在搜索结果页面可以看到有直播标签的商品，如图 4-11 所示。这时，用户点击进入该商品详情的页面，可以通过直播小窗口，跳转到主播的直播间，如图 4-12 所示。

"多多搜索"推广工具是需要付费才能使用的，除了"多多搜索"之外，需要付费使用的推广工具还有"多多场景""多多进宝"以及"短信营销"等。需要注意的是，虽然主播利用付费推广可以为店铺提高曝光度，但是不一定能够带动流量。对于新人主播来说，在直播前期，可以先积累一定的关注用户，提高店铺权重之后，再进行付费推广。

图 4-8　主播利用红包引导用户分享直播

图 4-9　拼多多的"直播"页面

直播带货从新手到高手

```
                    ┌─ 做好清晰的店铺或主播定位，吸引特定人群
提高店铺关注度      │
的方法          ────┼─ 经常上新产品，增强用户的新鲜感
                    │
                    └─ 利用关注即可获得优惠券或优先发货的特权吸引用户
```

图 4-10　提高店铺关注度的方法

图 4-11　有直播标签的商品

图 4-12　商品详情页面

4.2　增强用户黏性的社交引流

随着互联网技术的发展，人们之间的联系越来越依赖于各种社交平台，所以通过社交平台为直播间引流也是许多主播常用的手段。本节笔者将分析微博、微信以及 QQ 这 3 个社交平台的引流技巧。

4.2.1　微博引流

用户利用微博只需要用很简短的一段文字或者一张图片就能向用户传递丰富的信息，这样便捷、快速的信息分享方式使大多数企业、商家和直播平台纷纷抢占微博的营销阵地，利用微博的"微营销"开创网络营销新模式。

1．发微博宣传预热

如今，各大直播平台都开通了自己的微博账号，主播也可以在自己的微博里分享直播链接，借此吸引更多粉丝进入自己的直播间观看直播。或者向用户宣传开播的时间以及带货的产品，做直播预热。如图 4-13 所示，为淘宝某顶流主播在微博为自己的直播做宣传。

图 4-13　淘宝某顶流主播在微博做直播宣传

引流是需要投入很多时间和精力的，对于新人主播来说，要想让自己发布的微博更快地引起更多用户的注意，还需要掌握一定的技巧。

（1）确定微博的定位。主播在利用微博引流时，要对自己的微博号进行包装，也就是确定好垂直领域，领域越垂直，就能获得更多的曝光机会。

（2）打造自己的人设。确定好定位之后，主播需要在微博平台上利用内容打造自己的人设。如果你是销售服装类产品的主播，就在平台上多分享一些穿搭技巧；如果你是销售美妆类产品的主播，就在平台上多分享一些有关美妆的知识。

（3）多发表正能量的内容。正能量的内容往往能够吸引用户关注，也能引起用户的共鸣。此外，多发表正能量的内容也能够让用户觉得你是一个乐观积极的人。

2．蹭热门话题热度

主播要想在微博上为自己的直播间引流，就要让自己的内容被更多人看到。

针对这一点，主播可以用一个比较简单的方法，那就是在一个热度比较高的话题下面发微博。当你的微博被很多用户看到时，就会有用户对你的微博进行评论。这时，你就可以与用户互动，引导用户添加你的微信，让用户成为你的私域流量。

3. 多发表热门评论

在微博多发表热门评论可以增加你的曝光率。当你在某条热门微博下面发表评论时，只要你评论的内容足够有趣，就会有很多人点赞或回复你的评论。

4.2.2 微信引流

微信是一种投递式的营销，引流的效果更加精准。通过微信，主播可以将直播链接分享给微信好友，这样就可以将微信好友转化为自己的直播粉丝。此外，主播还可以让好友帮忙转发直播信息，让自己的直播信息被更多人看到。

不仅如此，主播还可以通过微信群发布自己的直播信息，为自己的直播提高曝光度，如图4-14所示。同时，在微信平台上，主播也可以将直播信息转发到朋友圈进行引流，如图4-15所示。

图4-14　在微信群分享直播信息　　　图4-15　在朋友圈分享直播信息

朋友圈对于主播来说，虽然信息传播的范围比较小，但是对用户的影响却很深刻，有着其他平台无法比拟的优势，如图4-16所示。

除此之外，主播还可以利用微信公众号进行引流。微信公众号是一个个人、企业等主体进行信息发布，并通过运营来提升知名度和品牌形象的平台。在微信公众号上，主播可以通过多种方式来宣传自己的直播间。

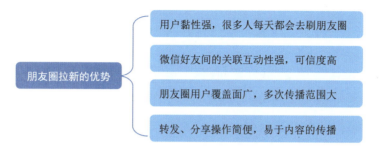

图 4-16　朋友圈拉新的优势

例如，主播可以在微信公众号的简介中对直播的时间和平台等信息进行说明，也可以通过发布微信公众号文章进行直播预告，吸引更多的用户观看自己的直播。

4.2.3　QQ 引流

作为兴起较早的网络通信平台，QQ 拥有强大的资源优势和底蕴，以及庞大的用户群体，是直播运营者必须巩固的引流阵地。以下为 QQ 平台引流的技巧。

1. QQ 签名引流

主播可以自由编辑或修改 QQ 签名的内容，引导 QQ 好友关注自己的直播账号，如图 4-17 所示。

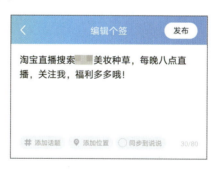

图 4-17　编辑 QQ 签名引导好友关注

2. QQ 头像和昵称引流

QQ 头像和昵称是 QQ 号的首要流量入口，用户可以将 QQ 头像设置为直播账号的头像和昵称。如图 4-18 所示，为主播将 QQ 昵称改为直播账号的昵称，以此增加直播账号的曝光率。

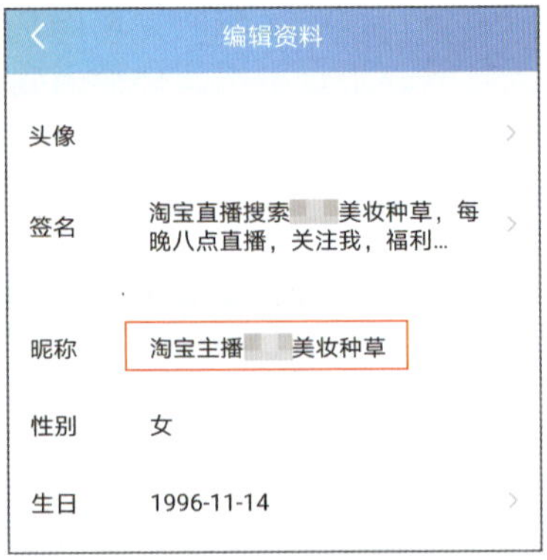

图 4-18 将 QQ 昵称改为直播账号的昵称

3．QQ 群引流

QQ 群是腾讯推出的一个多人聊天的网络互动公众平台，主播可以加入一些与直播相关的 QQ 群，多与群友进行交流和互动，让他们对你产生信任感，这样发布直播作品来引流就水到渠成了。

除了查找并加入别的 QQ 群之外，主播还可以建立一个粉丝群，把用户和好友拉进群中，然后利用 QQ 群中的功能进行互动，拉近自己与用户之间的距离。不仅如此，QQ 群的建立有利于成员之间的交流，进而增强用户的黏性，提高用户的忠诚度。

在创建 QQ 群为直播引流时，笔者建议大家可以利用 QQ 群排名优化软件提升 QQ 群的排名来吸引流量，这种方式的引流效果是非常明显的，只要关键词设置得好，吸引过来的流量就会比较精准。

绝大部分 QQ 用户是根据搜索关键词来查找 QQ 群的，而 QQ 群排名优化软件的原理就是将目标用户搜索的关键词作为 QQ 群名称进行优化设置，从而使 QQ 群的排名靠前，增加 QQ 群的曝光概率。

4．QQ 空间引流

QQ 空间是主播可以充分利用的一个好地方，在 QQ 空间推广更有利于积攒人气，从而吸引更多人前来观看。下面笔者就为大家具体介绍 6 种常见的 QQ 空间推广方法，如图 4-19 所示。

5．QQ 兴趣部落引流

QQ 兴趣部落是一个基于用户兴趣而形成的公开主题社区。利用 QQ 兴趣部落引流能够帮助主播获得更加精准的流量。在 QQ 兴趣部落中，一些用户通常会发布一些寻求帮助的帖子，如图 4-20 所示。主播可以发表评论引导用户添加自己的联系方式。

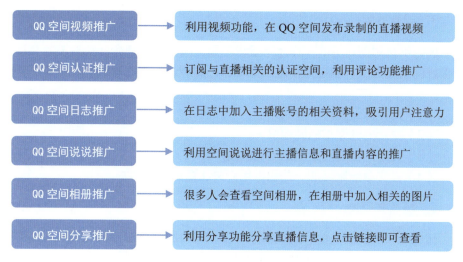

图 4-19　在 QQ 空间的推广直播方法

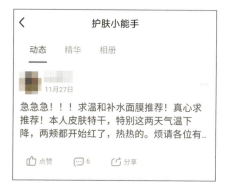

图 4-20　用户在 QQ 兴趣部落中发帖子

4.3　推送目标精准的资讯引流

资讯平台流量大，内容的推送往往很精准，所以主播利用资讯平台引流，可以为自己找到更精准的目标用户。目前，比较热门的资讯平台有今日头条、百度以及知乎等，下面笔者就对这 3 个平台的引流方法做出解析。

4.3.1　今日头条引流

今日头条的活跃用户数量非常多，对普通创作者有一定的流量扶持，而且对创作者的文案要求水平不高，能把特定内容推送给精准用户，对于新人主播来说是一个很好的引流平台。那么，如何在今日头条引流呢？笔者总结了以下3点。

1. 文章引流

因为平台对创作者的写作水平要求不高，所以主播在今日头条发表文章是一个很好的引流方法。但主播在发表文章时，要想达到引流的目的，需要注意以下4点。

（1）文章标题要足够吸引人。
（2）文章内容要与标题相符。
（3）文章内容要清晰表达自己的观点。
（4）在文章结尾添加一些引导用户关注直播间的话术。

2. 微头条引流

微头条和朋友圈类似，主播可以利用微头条用简短的几句话表达自己的观点。不过，要想让自己的微头条获得曝光机会，可以蹭热门话题的热度。

3. 问答引流

今日头条上有一个"问答"模块，如图4-21所示。主播可以在这个模块中多回答与自己垂直领域相关的问题，当你保持只回答这类问题时，系统便会自动推荐类似的问题给你，一旦你的回答被系统判断为优质回答，就有机会获得更多的曝光率。

图4-21 今日头条的"问答"模块

4.3.2 百度引流

百度是用户经常使用的搜索引擎之一，它也是互联网PC端强劲的流量入口。

那么，主播应该如何使用百度引流呢？具体来说，借助百度推广引流主要可以从百度百科、百度知道这两个平台切入。

1. 百度百科

百度百科词条是百科营销的主要载体，做好百科词条的编辑对主播来说至关重要。百科平台的词条信息有多种分类，但对于直播的引流而言，主要的词条形式包括5种，具体如下所述。

（1）行业百科。主播可以以行业领头人的姿态，参与行业词条信息的编辑，为想要了解行业信息的用户提供相关的行业知识。

（2）企业百科。主播的品牌形象可以通过百科进行表述，部分知名汽车品牌在这方面就做得十分成功。

（3）特色百科。特色百科涉及的领域十分广阔，一般来说，一些名人可以参与与自己相关词条的编辑。

（4）产品百科。产品百科是用户了解产品信息的重要渠道，能够起到宣传产品的作用，甚至能够让用户产生消费行为。

（5）人物百科。人物百科就是对知名人士的生平进行介绍，从而让他人更好地了解该人物。

对于带货主播而言，相对比较合适的词条形式无疑是人物百科。如图4-22所示，为某知名主播百度百科的相关内容，其采用的便是人物百科的形式。其中，该百科词条对该主播直播带货的相关信息进行了介绍，这样用户在看到该词条时，便会知道该主播在抖音平台进行了直播。

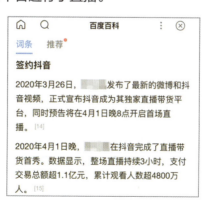

图4-22 某知名主播的人物百科

2. 百度知道

百度知道在网络营销方面，可以起到很好的信息传播和推广作用。利用百度知道平台,主播通过问答的社交形式,可以快速、精准地定位用户。百度知道在营销推广上具有两大优势,那就是精准度和可信度都很高。这两种优势能形成口碑效应,对直播的推广来说尤为珍贵。

通过百度知道来询问或作答的用户,通常对该问题涉及的内容有很大兴趣。例如,有的用户想要了解"有哪些主播的直播内容比较有趣",部分喜欢看直播的用户看到该问题后,可能就会推荐自己喜欢的主播,提问方通常会受好奇心的驱使,而接受推荐去观看对应主播的直播。

利用百度知道是网络营销的重要方式,因为它的推广效果相对较好,所以通常能为直播带来一定的流量。基于百度知道而产生的问答营销,是一种新型的互联网互动营销方式,问答营销既能为直播植入软性广告,同时也能通过问答将直播信息传递给潜在的用户。

4.3.3 知乎引流

知乎是一个知名度很高的网络问答平台,在该平台上,每个用户都可以围绕自己感兴趣的话题进行讨论。只要主播在平台上持续地输出垂直的内容,就有可能收获大量的粉丝。那么,在知乎平台上,主播应该如何引流呢?下面笔者分享两个技巧。

1. 利用提问引流

当主播刚开始在知乎平台上引流时,因为账号的权重不高,所以发表的言论没有多少曝光机会。这时,主播可以通过提问的方式引起一些用户的注意,提高自己的曝光度。例如,主播可以在知乎的热搜中提取关键词,针对这些关键词提出问题。

2. 回答问题引流

知乎平台有很多话题板块,主播需要了解目标用户关注的方向,知道用户会关注哪些问题,这样才能有针对性地回答问题,提高引流的效果。例如,你是一个美妆带货主播,目标用户是一些爱美并且对美妆产品有需求的用户,你就可以搜索与美妆有关的问题进行回答。此外,主播在回答用户问题时,需要注意以下4点。

(1)知乎用户注重内容的逻辑性,主播回答问题时可以多采用图文形式以及佐证形式进行回复。

(2)回答的内容幽默、有争议性能吸引更多用户参与评论。

(3)充分利用回答下方的评论区,与评论的用户保持互动。

（4）虽然回答热门话题有可能获得更多的曝光机会，但是如果你是知乎平台的新人，要尽量避免回答热度太高的话题。一般来说，回答这类话题的人很多，所以自己的回答很有可能会被其他人的回答淹没。

4.4 传播范围广阔的短视频引流

随着抖音以及快手等平台的崛起，短视频引流成为热门的引流方式。下面笔者主要以抖音平台与快手平台为例，对这两个短视频平台的引流方法进行详细的解析。

4.4.1 抖音平台引流

抖音平台流量大，信息传播速度快，是许多主播优先选择的引流工具之一。接下来笔者将要为大家分析抖音平台的吸粉引流技巧，以帮助主播提高直播间的人气，具体内容如下所述。

1. 定位清晰

精准的定位可以帮助主播打造个性化的人设，有利于将主播塑造成细分领域的专家，下面笔者介绍一些热门的直播带货定位类型供参考，如图4-23所示。

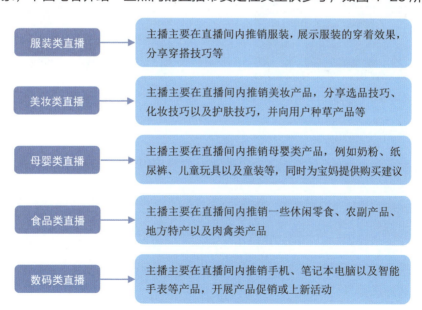

图4-23 热门直播带货定位的参考方向

2. 内容垂直

主播确定好直播带货定位之后，就可以根据自己的定位来策划垂直的引流内容了。例如，如果主播是做美妆类带货直播的主播，就可以利用名称以及简介传递一些直播信息，如图 4-24 所示。同时，主播还可以在平台上多发布有关美妆产品的视频来吸引用户关注自己，如图 4-25 所示。

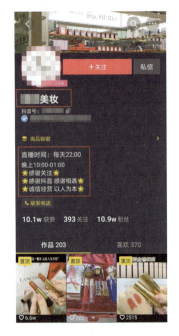

图 4-24　主播向用户传递直播信息

图 4-25　某主播发布有关产品的视频

3. 评论区引流

当我们观看其他用户的短视频内容时，往往可以看到很多用户会在该短视频的评论区进行评论，如图 4-26 所示。

主播在观看其他用户发布的短视频内容时，也可以多发布一些有个人特点的评论，当其他用户看到你的评论时，就有可能点赞你的评论，或者进入你的个人主页关注你。这样一来，主播就可以为自己的直播间带来一些精准用户。不仅如此，主播在发布短视频内容进行引流时，也可以在评论区内发起话题，吸引用户在评论区内进行互动交流。

4. 抱团吸粉

抱团吸粉是直播引流常用的方式之一，我们可以和一些同类型的主播打交道，建立个人感情，然后互相为自己的直播间吸粉推广。不仅如此，你还可以带领自己的粉丝去对方的直播间进行"查房"，"查房"是主播直播中常用的一种互动方式，这种抱团吸粉的引流模式，类似于我们常见的"账号互推"。

图 4-26　部分用户的短视频评论区

5．营销自己

抖音通常会给中小主播分配一些地域流量，例如首页推荐或者其他分页的顶部推荐等，这样可以增加主播的曝光度，当主播的短视频内容有机会获得系统分配的流量时，就要抓住一切机会来推广和营销自己。

6．维护粉丝

当主播通过抖音引流积累了一定的粉丝量后，就要做好粉丝沉淀了。主播可以将这些粉丝引导到个人微信、粉丝社群或公众号平台上，与粉丝保持密切地交流，以表示对他（她）们的重视。平时主播还可以多给粉丝送福利、发红包或者优惠券等，提高用户留存率和粉丝黏性，进而挖掘粉丝经济，达到多次销售的目的。

4.4.2　快手平台引流

虽然快手与抖音同为短视频应用，但是快手和抖音的定位完全不一样。抖音的红火靠的就是马太效应——强者恒强、弱者愈弱。在抖音上，本身流量就大的网红和明星可以通过官方支持获得更多的流量和曝光度，而对于普通用户而言，获得推荐和上热门的机会就少得多。

而快手平台分发给用户的流量比较平均，使更多的普通用户也能得到曝光机会。同时，快手的流量大部分掌握在主播的手中，这对主播来说是一个很好的优势。下面笔者介绍在快手平台引流的技巧。

1. 发布短视频引流

在快手平台，我们经常会看到卖货的主播会拍摄一些有关产品的短视频，并配上类似于"今晚×点开播"的文案来做直播的预告。并且这类短视频的点赞、评论热度都很不错，短期内是能够吸引一些流量的。

因此，主播可以借鉴这类短视频的创意，多拍摄一些与产品有关的视频，并配上醒目的文案，告诉用户产品的价格以及直播的开播时间，利用一些低价的产品进行引流，吸引用户观看直播。如图4-27所示，为快手平台上部分卖货主播发布的短视频内容。

图4-27　快手部分卖货主播发布的短视频内容

2. 借用大主播的流量

大主播的粉丝数量一般都很多，其直播间内观看直播的用户数量也有很多，这些用户通常会在直播间内发表评论，如图4-28所示。此外，还有一些用户会赠送礼物给主播，如果用户赠送的礼物越多，那么这些用户在主播观众榜单的排名就越靠前，如图4-29所示。

图4-28 用户在直播间内发表评论　　图4-29 某主播直播间的观众榜单

这些在直播间内交流的用户都有可能成为你的粉丝，所以你可以在大主播的直播间内多发表评论，或者与其他观看直播的用户互动。不仅如此，你还可以打榜刷礼物，让自己的快手账号排在大主播的观众榜单内，增加自己的曝光率。

一些大主播在直播的过程中，还有可能会与观众连麦互动来活跃直播间的氛围。如果你的排名在观众榜单的前列，那么这些大主播很有可能会和你连麦互动。当你与大主播连麦时，就可以顺势引导这些用户关注自己。

3．购买官方的直播推广服务

除此之外，主播还可以直接购买官方的直播推广服务来为自己的直播间引流，如图4-30所示。

4．引导粉丝进行裂变

当主播在快手平台已经有了一定的粉丝之后，就可以引导粉丝帮助自己进行裂变了。因为快手所面向的用户大多是三四五线城市的人群，这部分人的闲暇时间比较多，有大量的时间观看短视频或直播，而且社交关系不像大城市那么冷漠，朋友间的关系也比较紧密，所以裂变的效果一般比较好。

图 4-30　抖音官方的直播推广服务

4.5　扩大粉丝基数的福利引流

当主播在直播带货的过程中已经积累了一定数量的粉丝后，就可以利用福利诱惑让这些粉丝吸引更多的新用户关注自己，再通过一定的转化手段，把这些新用户转化为新粉丝。本节笔者将向大家分享利用内部福利进行引流的技巧。

4.5.1　利用奖励让粉丝老带新

利用奖励带动粉丝拉新是引流的有效手段，通过这种引流方式，主播不仅能增加曝光度，还能维护好现有的粉丝。那么，主播实现粉丝拉新的方法有哪些呢？具体来说，可以参考以下两种方法。

1．邀请好友观看有奖励

在直播过程中，利用老粉丝或者观看直播的用户拉新是许多主播常用的引流手段。对于观看直播进行购物的用户来说，福利往往有一定的诱惑力，现金红包的诱惑力则更大。所以，主播在直播时，可以利用平台的功能设置一些奖励，引导用户分享你的直播。

例如，蘑菇街平台上的一些主播就经常用红包引导观看直播的用户邀请新用户观看直播，如图 4-31 所示；或者引导用户带新人做任务领奖励，如图 4-32 所示。

2．邀请新用户进入社群

除了引导用户邀请好友观看直播之外，让用户把新用户拉入社群也是一个不错的选择。主播通过运营社群，可以让更多的新用户留存下来，提高转化率，从而实现裂变。但主播利用奖励让粉丝老带新时，需要注意以下两点。

（1）主播给的奖励要对老粉丝有吸引力，否则老粉丝带新人的积极性就不高。

（2）主播给新粉丝的优惠力度要大，否则新粉丝接受邀请的概率会很低。

图 4-31　引导用户邀请好友看直播　　图 4-32　利诱用户带新人做任务领奖

4.5.2　用引流产品实行拼团制

拼团制活动的优惠力度能够激发用户的购买欲望，从而让用户在社交平台上邀请好友参与拼团活动，这在一定程度上能够帮助主播达到宣传直播的目的。

那么，主播如何利用引流产品实行拼团制、达到引流的目的呢？首先，主播要确定好引流产品，保证产品对用户有足够的吸引力；其次，主播要确定拼团活动的规则，把活动内容通知给粉丝进行提前预热。当拼团活动开始时，主播还要及时提醒用户，避免用户错过活动时机。

因为引流产品的价格要比其他同类产品的价格低，所以主播在考虑引流效果的同时，也要注意控制产品的成本。主播在确定引流产品时，需要考虑以下 4 个方面。

（1）产品的成本。

（2）产品是否是刚需。

（3）产品的性价比。

（4）产品的关注度。

当主播选择好引流产品之后，就可以制定拼团活动的规则了。下面笔者总结出 4 点可以在拼团活动中使用的规则，以供大家参考。

（1）成团人数以两人较佳，引导用户展开拼团活动。

（2）设置梯度优惠，让用户买得越多越省钱。例如，用户购买 1 件产品花费 100 元，购买两件同款产品则优惠 20 元，依此递增。

（3）用户在直播间内消费超过一定金额时有优惠。

（4）老粉丝邀请新用户参加拼团活动时有奖励。

第 5 章
抓住用户心理的直播话术

学前提示

出色的主播都拥有一流的口才，他（她）们往往幽默风趣，能让直播间的氛围妙趣横生；营销话术张口就来，能让产品的销量大增。那么，在直播带货的过程中，新人主播要如何利用直播话术抓住用户的心理呢？本章笔者将向大家介绍一些直播时常用的话术。

5.1 培养主播的表达能力

直播的特点之一是具有很强的互动性，因此在直播中，主播的语言表达能力对直播间的影响重大。那么如何培养、提高主播的语言表达能力呢？本节将为大家简要介绍提高语言表达能力的方法。

5.1.1 提高直播质量的语言表达能力

语言表达能力在一定程度上能够体现出一个人的魅力，在直播过程中，主播要让用户愿意停留在直播间中观看你的直播，就要具备良好的语言表达能力，维护好直播间的氛围，提高直播的质量。而要想提高自身的语言表达能力，主播可以从以下4点切入。

1．确保用户看直播的体验

由于直播带货所面向的消费群体正逐步年轻化，一些用户对购物体验的需求也越来越高，这就要求主播必须确保用户有良好的观看体验，让用户感受到观看直播的乐趣。下面笔者分享4个提高用户观看体验的方法。

1）注意语句表达

在语句的表达上，主播需要注意话语的停顿，把握好节奏，同时语言应该连贯，让人感觉自然流畅。除此之外，主播还可以在规范用语上发展个人特色，形成个性化与规范化的统一。总体来说，主播的语言需要具有这些特点：规范性、分寸感、感染性和亲切感，具体分析如图5-1所示。

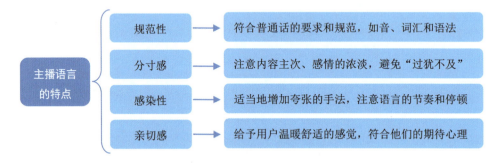

图5-1 主播语言的特点

2）结合肢体语言

如果单一的话语不足以表达情感，主播可以借助肢体动作以及表情进行辅助表达，尤其是眼神的交流。另外，夸张的肢体动作可以使语言更显张力，主播在介绍产品时，还可以结合一些肢体动作增强语言的说服力，给用户留下深刻的印象,让用户记住自己。例如,某淘宝顶流主播在直播时,就利用夸张的面部表情以及手势收获了大批粉丝。

3)自身知识的积累

主播在线下要注重提高自身的修养,多阅读,增加知识的积累。大量的阅读可以提升一个人的逻辑能力和语言组织能力,进而帮助主播更好地进行语言表达。

4)进行有效倾听

倾听是主播必须具备的素质。主播和用户聊天谈心,除了能说会道之外,还要懂得用心聆听。在主播和用户交流沟通的过程中,虽然表面上看是主播占主导,但实际上是以用户为主。除此之外,用户愿意看直播的原因在于想与自己感兴趣的人进行互动,所以,主播想要了解用户关心什么、讨论什么话题,就一定要认真地倾听用户的心声和反馈。

5)注意把握时机

良好的语言能力要求主播学会挑对说话的时机。每一个主播在表达自己的见解之前,都要必须把握好用户的心理状态。例如,对方是否愿意接受你传达的信息?又或者对方是否准备听你讲故事?如果主播丝毫不顾及用户心里怎么想,不会把握说话的时机,就无法引起用户的共鸣。

2. 用幽默制造轻松的氛围

幽默能折射出一个人的内涵和修养,所以人们往往会觉得拥有幽默口才的人很风趣。如今,在这个人人"看脸"的时代,颜值虽然已经成为直播界的一大风向标,但想要成为直播界的大咖级人物,光靠脸和身材是远远不够的。所以,一个专业主播的养成,必然少不了幽默技巧。那么,主播要如何体现出自己的幽默呢?具体来说,主播可以从以下两点入手。

1)讲段子

"段子"本身是相声表演中的一个艺术术语,随着时代的变化,它的含义不断地被拓展,也多了一些"红段子""冷段子""黑段子"的独特内涵。

近几年,"段子"频繁活跃在互联网的各大社交平台上,成为受人欢迎的幽默方式之一,并得到了广泛的传播和发扬。微博、综艺节目和朋友圈里将幽默段子运用得出神入化的人比比皆是,这样的幽默方式也赢得了众多用户的追捧。所以,主播在进行直播时,也可以策划幽默段子,让带货的过程变得更加有趣。

2)学会自嘲

自嘲不仅可以让用户觉得主播幽默风趣,还能够帮助主播化解直播过程中突发的尴尬情况。同时,善于自嘲可以拉近用户与主播之间的距离,这也是一些善于自嘲的明星让人觉得很接地气的原因。

3．用热点增强直播的互动

不管是用户还是主播，对热点问题都会特别关注。所以，很多主播会借助热点事件，发表一些言论，从而吸引用户观看自己的直播。当然，有时候，部分用户也会让主播回答一些争议性很高的热点问题。这时，主播应该如何正确评价热点事件呢？笔者认为，主播评价热点事件时，需要做到以下4点。

（1）保持客观中立。

（2）言论要坚持正确的价值观。

（3）不偏袒任何一方。

（4）不标新立异。

其次，当用户对主播进行提问时，主播一定要积极地回复，这样可以让用户觉得你一直在关注直播间评论区的情况，也可以让用户感受到你对他（她）的重视。这样用户就会对你放下防备的心理，你引导用户下单的难度也将会降低。

4．活跃评论区维护稳定性

打造活跃的评论区主要可以起到两方面的作用，一是增加与用户的沟通，做好用户的维护，从而更好地吸引用户关注直播账号，成为自己的粉丝；二是随着评论数量的增加，主播的热度也将随之而升高。这样一来，主播将获得更多的流量，而直播的营销效果也会更好。接下来笔者就介绍3种打造活跃的直播评论区的具体方法。

1）内容引起观众讨论

许多用户之所以会对直播进行评论，就是因为他（她）对于直播中的相关内容想要发表自己的看法。针对这一点，主播可以在打造直播内容时，尽可能地选择一些能够引起用户讨论的内容。这样做出来的直播自然会有用户感兴趣的点，而用户参与评论的积极性也会更高一些，直播带货的效果自然会更好。

以销售护肤类产品的主播为例，许多主播会在直播间内以分享好物或分享护肤秘籍的方式打造直播内容，目的是促使有过皮肤困扰或者护肤产品挑选困难的用户相互交流，为直播间带来话题。如图5-2所示，为部分销售护肤产品的直播间评论区。

2）引导用户主动留言

在直播平台中，有一部分用户在观看直播时，可能会觉得打字有些麻烦，所以很少与主播或者其他用户进行讨论。面对这种情况，主播只有让直播间的氛围活跃起来，才能带动沉默的用户踊跃发言。因此，为了更好地吸引这部分用户积极主动地进行评论，主播可以在直播过程中设置一些用户感兴趣的互动话题。

例如，主播通过提问的方式与用户进行互动，可以吸引更多用户回答或者讨论问题，从而提高评论区的活跃度。

图 5-2　销售护肤品的直播间评论区

3）采用场景化的回复

场景化的回复就是结合具体场景做出的回复，或者是能够让用户通过回复内容想到具体场景的回复。相比于一般的回复，场景化的回复能够让用户在心中构建起具体的场景。例如，主播通过回复向直播用户介绍某种厨具时，如果把该厨具的使用环境、使用步骤和使用效果等内容一一进行说明，那么回复的内容就变得场景化了。

5.1.2　解决"冷场"烦恼的聊天技能

主播直播时，遇到直播间冷场的情况应该怎么办呢？为什么有的主播能够一直与用户聊得火热？本小节笔者将为大家提供 6 个直播聊天的小技巧，为主播解决直播间"冷场"的烦恼。

1. 随时感谢用户

主播应该随时感谢用户，尤其是打赏自己的用户以及新进入直播间的用户。如果进入直播间的用户数量很多，为了减轻工作量，主播可以利用平台的功能设置自动欢迎的文案，这样系统就会自动向进入直播间的用户发送欢迎词，如图 5-3 所示。

2. 保持良好心态

在现实生活中，我们经常会遇到一些喜欢抬杠的用户，而在网络上，许多人因为披上了马甲，便变本加厉地发表各种各样的言论。这导致主播在直播过程中，可能会受到这些用户的恶意辱骂。面对这种情况，主播一定要保持良好的心态，不要给自己太大的压力。

图 5-3　用户进入直播间系统自动发送欢迎词

另外，主播是一个公众人物，一言一行都有可能对观看直播的用户产生潜移默化的影响。正因为如此，为了对观看直播的用户负责，主播要注意自己直播时的语言以及行为。

另外，相比于在直播间内无病呻吟的主播，用户更喜欢传递正能量、能给用户带来欢乐的主播。所以，主播一定给用户呈现一个积极的正面形象，与用户聊天时，如果聊到热门话题时，语言必须要有正面导向。

3．多为他人着想

当用户提出个人建议时，主播可以站在用户的角度，进行换位思考，这样更容易了解用户的感受。同时，主播可以在线上及线下互动时，观察这些用户的态度，并且进行思考、总结，用心去理解用户、感受用户。具体来说，为他人着想可以体现在 3 个方面，如图 5-4 所示。

4．保持谦虚态度

面对用户的夸奖和批评时，主播需要保持谦虚礼貌的态度。否则，一旦主播与用户起了冲突，不仅会对产品的销量产生不良影响，还会让自己在用户心中留下不好的印象。所以，主播作为一名公众人物，只有身上具有谦逊的美德，才能赢得用户好感，在直播带货行业长远发展。

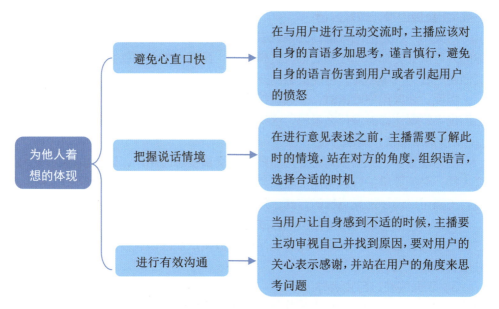

图 5-4 为他人着想的体现

5. 避免冷场氛围

新人主播在直播中经常会遇到冷场的尴尬局面,而出现这种问题的根本原因是主播在直播前没有做好充分的准备,所以心里难免会紧张,从而导致直播效果不佳。

因此,在直播前,主播就要选择好合适的话题,以确保与用户交流时不出现冷场的情况。那么,主播应该如何选择合适的话题呢?笔者根据自身的经验总结了一些方法,具体内容如下。

(1)从用户的兴趣爱好中寻找话题。
(2)根据自身才艺特长展开话题。
(3)做好直播内容的大纲规划方案。
(4)从当下的时事热点引入话题。
(5)在平时的生活动态中切入话题。
(6)根据用户的提问求助展开话题。

6. 正确处理吐槽

生活中吐槽无处不在,更何况是在网络上。网络上有很多用户将负能量发泄给主播,也有不明事理、盲目跟风吐槽的用户。面对这些吐槽时,主播要怎样处理才能大事化小,小事化了呢?下面笔者就来为大家介绍 3 种解决方法。

1）直接无视，做好自己

如果用户在直播间吐槽，主播就去回应吐槽的人，想要据理力争，那么吐槽你的人可能会更加激动地回应你，这样一来，直播间中可能就会充满火药味，而其他用户看到气氛不对，可能就会离开直播间。

相反，如果用户吐槽时，主播直接选择无视，那么吐槽的用户在说了一会儿之后也会觉得这样做没什么意思，这样一来，用户也没有兴趣再继续吐槽了。

2）指桑骂槐，侧面抨击

面对吐槽者，主播没有必要用激烈的言辞直接怒怼用户，因为主播是一个公众人物，必须要维护好自身的形象。当然，当吐槽者咄咄逼人，触犯主播的底线时，主播可以通过指桑骂槐的方式，对吐槽者进行侧面抨击。

例如，主播可以采用冷幽默的方式进行回应，让用户感受到主播的幽默，同时也对吐槽者进行一番讽刺，或者利用幽默故事从侧面表达自己的想法，间接对吐槽者做出回应。

3）正面鼓励，自我疏导

面对吐槽，比较好的解决方式就是将压力变成动力，把负能量变成正能量，正面开导自己，多看一些忠实粉丝的评论，进行自我疏导。

主播在直播时，难免会碰到一些传播负能量的用户，因此，主播要学会消化负能量，尽量不让自己受到负能量的影响。如果主播无法从负面情绪里释怀，那么主播的直播状态势必会受到影响，从而会影响带货的效果。因此，主播要多对自己进行正面激励，调整好自己的状态，让自己的内心变得强大起来。

5.1.3 提升语言亲和力的5个方法

在直播过程中，主播的亲和力很重要，有亲和力的主播可以快速地拉近用户与自己的距离，让用户感受到自己的真诚。例如，某淘宝顶流主播就经常利用亲和力来激发用户的购物冲动，原因是该主播在直播时，经常用"所有女生"称呼观看他直播的女性用户，让用户倍感亲切。

然而，很多新人主播刚开始直播时，因为过于功利，所以只是单纯地向用户推销产品，与用户缺少坦诚地交流。这样不仅会导致直播的内容打动不了用户，还会影响产品的销量。

如果主播直播时只是单纯地推销产品，语言表达缺乏亲和力，很容易引发用户的反感，让用户认为主播的直播过于功利。面对这种情况，主播可以充分发挥自身的优点，用礼貌温柔或幽默热情的语言让用户感受到自己的善意。具体来说，主播要想提升自身的语言亲和力，可以参考以下5个方法。

1. 语言委婉含蓄

部分主播在直播时，一般会直接开始介绍产品，卖货的过程千篇一律，难免会让用户觉得直播内容没有新意。这时，即使主播推荐的产品质量再好，也将很难说服用户下单。

面对这种情况，主播需要用委婉的表达方式，让用户在互动过程中潜移默化地受到自己的影响。例如，主播在推荐面膜时，可以使用类似"这款面膜我已经用了好几盒了，我现在每天下班卸妆后都会用"来表述，让用户觉得产品的品质有所保障。

2. 多用语气词

主播在与用户互动时，语言中多用语气词可以让用户感觉到舒适和愉悦，例如"哦""吗""呢"等语气词可以让主播的语言更有亲和力。不仅如此，多用语气词还可以弱化主播推销的目的，让用户觉得主播不是生硬地推销产品。

3. 多用敬语

有礼貌、懂分寸的主播能够更快地赢得用户的好感，当主播与用户互动时，多用"谢谢""不好意思"等敬语可以给用户留下一个好印象，帮助主播获得用户的信赖，有利于提升产品的销量。

4. 多用流行语

因为新人主播刚开播时还没有形成自己独有的语言风格，所以直播过程中可以多用流行语来拉近用户与自己的距离。

5. 巧妙提出想法

主播在直播时，难免会遇到用户在评论区质疑产品质量的情况。面对这种情况，主播要先向用户表达理解，而不能直接反驳用户的言论。例如，主播在委婉地否定用户时，可以先使用"我理解您的心情""我尊重您的想法"等语句安抚用户的情绪，再巧妙地提出自己的想法。

例如，某淘宝主播遇到用户的质疑时，只用两句话就打消了用户的顾虑。这是因为他不会劝用户盲目购买产品，而是在尊重用户的基础上提出自己的想法，用产品的销量来打消用户的质疑。

5.1.4 提升销售能力的表达方法

在直播中，主播要想赢得流量，获取用户的关注，从而提高产品的销量，需要把握用户的心理,投其所好地进行表达。本节笔者将为大家讲述 5 个提升销售能力的表达方法,希望能给主播提供借鉴。

1. 提出直击用户痛点的问题

如何在直播中提出击中用户痛点的问题呢?以电商直播为例,在介绍产品之前,主播可以利用场景化的内容,先表达自身的感受和烦恼,与用户进行聊天,进而向用户提出问题,并且让这个问题在直播间内保持热度。

2. 适当地放大问题营造紧张感

在提出问题之后,主播还可以将问题尽可能放大化。例如,主播推荐护肤类产品时,可以适当夸张地向用户讲述不保养皮肤的后果,再引出所要推荐的产品。主播适当地放大问题,可以给用户营造一种紧张感,让用户迫切地想要解决问题。

3. 引入产品解决提出的问题

主播讲述完问题之后,可以适当地引入产品,通过介绍产品的功效来解决前面提出的问题。例如,当主播提出与美妆相关的问题后,可以先结合亲身经历为用户推荐一些用过的美妆产品,把产品的效果告诉用户,再向用户展示产品的细节,指导用户使用产品,如图 5-5 所示。

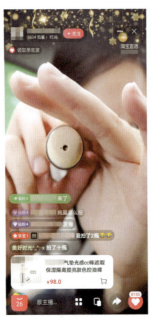

图 5-5　主播展示产品细节并指导用户使用产品

4．找对讲解角度增加附加值

引出产品之后，主播们还要找准讲解产品的角度，提升产品的附加值。具体来说，主播可以从以下3个角度对产品进行讲解，提升产品的附加值，如图5-6所示。

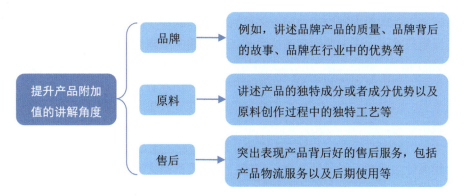

图5-6　提升产品附加值的讲解角度

5．用降低门槛的方式击破用户防线

降低门槛就是主播在推荐产品时，先对产品的价值以及优势进行详细的讲解，提升产品的附加值之后，再适当地给用户提供购买产品的福利，或者限制产品数量来制造紧张感，从而让用户产生消费冲动。

例如，主播在直播时会请一些明星到直播间内，借助名人效应，提升产品的附加值，再降低门槛，利用优惠券降低产品价格，引导用户在直播间下单，让用户产生买到就是赚到的感觉。

5.2　提升说服力的营销话术

作为一名直播带货的主播，直播的目的是让更多的用户购买自己的产品。而主播学会一些营销的话术，提升自身的说服力，是达成目的的主要手段。

所以，主播们需要掌握介绍产品和讲解卖点的重要方法，还要了解直播间中常用的一些基本话术，提升说服用户购买产品的能力。

5.2.1　主播必须掌握的直播话术

主播在直播销售的过程中，除了要把产品很好地展示给用户以外，还要掌握一些直播话术，这样才可以更好地进行产品推销，提高主播自身的带货能力。但是，由于每个用户的消费心理和消费关注点都不一致，所以即使在面对合适的、有需求的产品时,部分用户仍然会由于各种因素,不下单购买产品。

面对这种情况,主播需要借助一定的直播话术来突破用户的心理防线,把用户留在直播间内,促使用户完成下单行为。本节将向读者介绍6种主播必须掌握的直播话术,帮助大家提高直播间的产品销量。

1. 主动留住直播用户

直播开始时,主播要提前做好预热,把直播间的氛围活跃起来,从而留住观看直播的用户。这时主播可以先主动与用户互动,再向用户推荐产品。下面笔者就向大家介绍主播开播时,主动留住用户的3种话术类型。

(1)点名型话术。当有用户进入直播间时,主播可以念出用户的名字,向用户表示欢迎,或者问候用户近况。

(2)诱导型话术。主播在直播前,总结直播的大概内容,告诉用户观看直播能获得什么福利、学习到什么。例如:"今天我给大家分享几个穿搭的技巧,来跟我学穿搭,变成时尚达人吧!"

(3)痛点型话术。主播对产品所面向的用户进行详细分析,了解其痛点后,便利用直击用户痛点的话术讲述观看直播的好处。例如:"皮肤黑的朋友看过来,今天给你们推荐一款美白产品哦!"

2. 用介绍法劝说购买

主播在直播时,可以用一些生动形象、有画面感的话语来介绍产品,达到劝说用户购买产品的目的。下面笔者就来向大家描述一下介绍法的3种操作方法,如图5-7所示。

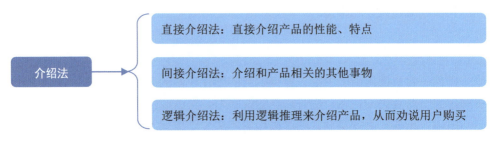

图5-7 介绍法的3种操作方法

1)直接介绍法

直接介绍法是销售工作人员直接向用户介绍、讲述产品的优势和特色,从而达到劝说用户购买产品的一种办法。这种推销方法可以节约主播的时间,省去不必要的询问过程。例如,某款服饰的材质非常轻薄吸汗,适合夏季穿着,主播可以直接介绍服装的优点,并在直播间表明服装可以用消费券购买,吸引用户下单。

2）间接介绍法

间接介绍法是向用户介绍和产品本身相关的其他事物来衬托产品的一种介绍方法。例如，如果主播想向用户介绍服装的质量，可以介绍服装的做工、面料来衬托服装的质量，让用户觉得这款服装值得购买，如图5-8所示。

图5-8 主播介绍服装的面料和做工

3）逻辑介绍法

逻辑介绍法是销售工作人员采取逻辑推理的方式达到说服用户购买产品的一种沟通推销方法。这是线下销售中常用的推销手法。逻辑介绍法的说服力强，主播在直播过程中可以经常使用这种介绍方法。

主播在进行推销时，经常对用户说一些类似"用几杯奶茶钱就可以买到一件美美的服装，你肯定会喜欢"的话术，这就是一种较典型的推理介绍。

3．赞美用户引导购买

赞美法是一种常见的营销技巧。每个人都喜欢被人认可，喜欢得到他人的赞美，在这种赞美的情景之下，被赞美的人很容易因情绪高涨而购买产品。

"三明治赞美法"属于赞美法里面被较多人所推崇的一种表达方法，它的表达方式是，先根据对方的表现来称赞他的优点；然后提出希望对方改变的不足之处；最后再重新肯定对方的整体表现状态。通俗的意思是：先褒奖，然后告知实情，再肯定对方。

主播在直播过程中，可以通过"三明治赞美法"来销售产品。例如，当用户担心自己不适合涂颜色太艳丽的口红时，主播就可以对用户说，这个色号不挑人，女生就是要买颜色漂亮一点的口红，不然怎么能突出你的美丽呢？

4. 重复强调体现优势

强调法是指主播不断地向用户强调产品的特点和优势，从而引导用户下单的一种方法，类似于"重要的话说三遍"。当主播想大力推荐一款产品时，可以不断地强调这款产品的特点，以此营造一种热烈的氛围。在这种氛围下，用户很容易跟随这种情绪不由自主地下单。例如，主播在带货时，可以反复强调此次直播间产品的优惠力度，比如福利价五折、超值优惠等。

5. 示范推销亲身体验

示范法也叫示范推销法，就是主播通过看、摸和闻，把要推销的产品展示给用户，从而激起用户的购买欲望的一种推销方法。

由于直播销售存在局限性，使得用户无法亲自看到产品，这时主播就可以代替用户来体验产品。对于用户来说，由于主播更加了解产品的风格和款式，由主播代替自己来体验产品，用户也会更加放心。如图5-9所示，为示范推销法的操作方法。

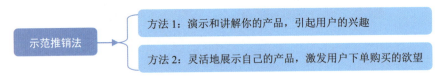

图 5-9　示范推销法的操作

1）善于演示和讲解产品

对于销售人员来说，善于演示和讲解产品是非常有必要的，毕竟说得再多，不如让用户亲自使用一下产品，如果能让用户亲自来试用商品就更好了，就像是出售床上用品的商家一样，他们往往会创造一个睡眠环境，让用户在床上试睡。

但是，直播的销售方式无法使用户亲自使用并了解产品。这时，主播作为产品的体验者，就可以在直播过程中自己使用产品，然后通过镜头灵活地展现产品的使用效果，引导用户下单。

2）灵活展示自己的产品

示范推销法是日常生活中常见的一种推销方法，其中涉及的方法和内容比较复杂。由于直播存在局限性，所以主播一般会使用这种方法向用户展示产品的外形设计以及使用体验。在直播过程中，不管是产品的陈列摆放、当场演示，还是模特展示产品的试用、试穿和试吃等，都可以称之为示范推销法。这种方法就是通过把产品的优势尽可能地全部展示出来，让用户亲身感受产品的优势，从而吸引用户下单。

例如，主播向用户推销一款外套，会利用试穿的方式展示外套的穿着效果。如图 5-10 所示，为主播在镜头前展示外套的穿着效果。

图 5-10　主播在镜头前展现外套的穿着效果

6. 限时优惠给予压迫

限时法是指主播直接告诉用户，现在正在举行某项优惠活动，这个活动到哪天截止，用户在活动期间能够得到什么利益，从而给用户营造紧张感，促使用户下单的一种方法。另外，主播还可以利用这种方法提醒用户，在活动期结束后购买产品，就会增加不必要的经济支出。

例如，主播可以对用户说："亲，这款服装，我们今天做优惠降价活动，今天就是最后一天了，你还不考虑入手一件吗？过了今天，价格就会恢复原价了，原价和现在的价位相比足足贵了几百块钱呢！如果你想购买该产品的话，必须得尽快做决定哦，机不可失，失不再来。"

这种推销方法会给用户有一种错过这次活动，之后再买就亏大了的感觉。通过告知其产品优惠的最后期限，可以让用户产生心理紧迫感，从而推动用户赶紧下单。

主播在直播间给用户推荐产品时，就可以积极运用这种手法，通过销售话术给用户造成紧迫感，也可以在直播界面中用"限时抢购""××点前下单减××元"等字眼，刺激用户的消费欲望。

5.2.2 介绍产品必须突出卖点

产品卖点可以理解成产品优势、产品优点和产品特点，也可以理解为自家产品和别人家产品的差异等。主播介绍产品时突出该产品的卖点，可以让产品更容易被用户接受，从而达到产品畅销和建立其品牌形象的目的。所以，对于商家或主播来说，通过快捷、高效的方式，将该产品的卖点传递给用户是非常重要的。

因此，想要更好地呈现出它的价值，主播就需要学会在向用户介绍产品时，从不同的角度来突出产品的卖点。具体来说，主播向用户介绍产品时，可以围绕以下 8 个方面来展开。

1．从风格入手介绍产品

以服装直播带货的主播为例，主播可以根据服装款式的风格，设计出一些新颖的话术，从而吸引用户的注意力。

例如，女式服装产品的风格有男友风、森女风等多种风格，每种风格都有其不同的特点。男友风的服装偏中性，而森女风的服装则给人一种小清新的感觉，特别适合个头小巧、外表可爱的女生。主播们通过恰当的话术，介绍产品的不同风格，可以激发用户的好奇心。

2．直接展示产品的质量

随着流水线生产模式大规模地发展，产品的质量无法得到百分百的保证，导致部分产品的质量欠佳。例如，服装产品会出现褪色、起球等影响穿着效果以及穿着时长的问题；化妆品中会有假冒伪劣产品，出现使用后损伤皮肤的问题，使得用户对于产品的质量问题特别关注。

大部分用户购买产品时，都会考虑产品的质量问题。所以，主播在向用户介绍产品时，可以尽情地向用户展示产品的质量情况。

例如，主播在向用户推荐服装类产品时，可以从服装的布料以及设计方面出发，展示卖点，如图 5-11 所示；在介绍美妆产品时，主播可以挖掘产品的使用感，推崇其妆感自然，具有超长带妆，24 小时不脱妆的卖点，如图 5-12 所示。

3．产品符合流行的趋势

大部分用户会存在从众心理，在介绍产品时，主播可以适当地向用户传达出产品符合流行趋势的信息，满足用户的从众心理，从而引导用户购买该产品。

除了向用户说明产品符合流行趋势之外，主播还可以告诉用户，这个产品在同龄人中是比较流行的，进一步激发用户购买产品的欲望。

4．以明星同款作为卖点

一般来说，明星本身就有稳定的流量，而且大多数用户对于明星的一举一动都非常关注，他们希望可以靠近明星的生活，从而得到心理的满足。所以，明星同款就是一个非常好的卖点。

图 5-11　主播展示服装的面料与设计　　图 5-12　主播展示眼影的使用感

如果产品的代言人是某位明星，那么主播只要利用明星同款的效应来营造、突出产品的卖点，就可以吸引用户的注意力，让他们产生购买的欲望。

5．根据需求来介绍产品

不同的消费人群对于产品的关注、需求点不同，主播在面对这种情况时，就需要有针对性地突出产品的卖点，从而满足不同用户群体的需求。所以，主播在向用户讲解产品时，就要注意这一点，根据不同用户群体的需求来介绍产品。

以直播销售服装类产品为例，销售女装的主播在介绍产品时会从服装的外形设计出发，突出服装穿着美观、设计独特的卖点；而销售男装的主播则一般会向用户强调服装的质量以及价格优势，在卖点的宣传上，往往偏向于介绍服装的实用性、舒适性，如图 5-13 所示。

6. 突出产品是原创设计

每一个知名服装设计师设计的产品面世，都能吸引大家的目光。用户对设计师个人的崇拜、追随以及信任，往往能驱使他们去购买该设计师的产品。所以，主播在向用户推荐这款服装产品时，如果这款产品是某位知名设计师新设计的款式，就可以着重突出这一标识。如果产品是原创设计，那么主播也可以向用户强调该产品是原创产品，突出其设计的独特性。

图 5-13　不同主播根据不同消费人群的需求介绍产品

7. 强调产品的价格优势

当主播已经讲解了产品的优势并展示了产品细节之后，就可以向用户说出产品的价格了。在说出产品的价格时，主播可以参考以下两点来组织话术。

（1）告诉用户产品价格的同时，向用户讲述产品的规格。规格一般是指产品的大小、轻重以及性能等，主播在告诉用户产品价格时向用户说明产品规格，是为了让用户觉得价格很划算。例如，主播向用户推销一罐麦片时，会利用类似"只需要 ×× 元就能买到 ×× 克麦片，实在太划算了""这么大一罐麦片，只需要 ×× 元，你在其他直播间根本买不到"的话术来向用户强调产品价格的优势。

（2）强调赠品的数量。赠送赠品是突出产品价格优势的有效方式，也是很多主播在直播间中常用的促单手段。例如，主播向用户推销一款面膜时，会向用户强调"买一盒送一盒""买一盒赠送×款小样"来让用户觉得产品的价格很便宜。

8. 注重产品的出色细节

主播在进行直播带货时，可以将话术与动作相结合，贴近镜头讲解产品，着重突出产品比较出色的细节部位，这种细节不仅可以吸引用户的目光，打动用户的心，还可以使他们打消下单的顾虑，产生购买欲望。

例如，在推荐美妆类产品时，主播利用口头描述是很难把产品的使用效果展现出来的，这时主播就可以通过亲身使用的方式，展示产品的使用效果，或者把产品直接靠近镜头，一边把产品的细节展现出来，一边讲解产品，如图5-14所示。

图5-14 主播贴近镜头展示并讲解产品细节

5.2.3 直播卖货通用话术分析

在直播的过程中，主播如果能够掌握一些通用话术，会达到更好的带货、变现效果。下面笔者分享一些直播时常见的直播话术，帮助主播更好地提升自身的带货和变现能力。

1. 用户进入表示真诚欢迎

用户进入直播间之后，直播的评论区会有提示，主播在看到进直播间的用户之后，可以对其表示欢迎。当然，为了避免欢迎的话术过于单一，主播可以在分析之后，根据自身和观看直播的用户的特色来制定具体的欢迎话术。常见的欢迎话术主要包括以下 4 种。

（1）结合自我介绍。如："欢迎 ××× 来到我的直播间，我是主播 ×××，欢迎您进入我的直播间，希望我们能给您带来良好的购物体验！"

（2）根据用户的名字。如："欢迎 ××× 的到来，看名字，你是很喜欢 ××× 明星吗？真巧，我也很喜欢呢！"

（3）邀请用户关注自己。如："欢迎 ××× 进入直播间，感谢你对我们的支持，我们直播间有很多新品，感兴趣的话帮忙点一下关注哦！"

（4）表达对忠实粉丝的欢迎。如："欢迎 ××× 回到我的直播间，差不多每场直播都能看到你，感谢你一直以来的支持，看到喜欢的产品可以下单哦！"

2．对用户的支持表示感谢

当用户在直播中购买产品，或者给你刷礼物时，你可以通过一定的话语对用户表示感谢。

（1）对购买产品表示感谢。如："谢谢大家的支持，×× 不到 1 小时就卖出了 500 件，大家太给力了，爱你们哦！"

（2）对刷礼物表示感谢。如："感谢大家送给我的礼物，一下子就让对方失去了战斗力，估计以后他都不敢找我 PK 了，给你比心！"

（3）对关注表示感谢。如："谢谢 ××× 的关注，我们每天 ×× 点直播，记得每天都来看看哦！"

3．通过提问活跃直播氛围

在直播间向用户提问时，主播要使用提高用户积极性的话语。笔者认为，主播可以从 3 个方面进行思考，具体如下。

（1）以点带面，让粉丝对自己发起的话题进行想象。如："今天我吃了火锅，真的太辣了，你们知道我选的是什么锅底吗？"

（2）提供多个选择项，让用户自己选择。如："接下来，大家想看我讲解哪件产品呢？"

（3）让用户更好地参与其中。如："想要我讲解 A 产品的打 1，想看我讲解 B 产品的打 2，我听大家的安排，好吗？"

4．积极引导用户为你助力

主播要懂得引导用户，根据自己的目的，让用户为你助力。具体来说，主播可以根据自己的目的，用不同的话术对用户进行引导，具体如下。

（1）引导购买。如："天啊！果然好东西都很受欢迎，半个小时不到，××已经只剩下不到一半的库存了，要买的宝宝抓紧时间下单哦！"

（2）引导刷礼物。如："我被对方超过了，大家给给力，让对方看看我们的真正实力！"

（3）引导直播氛围。如："咦！是我的信号断了吗？怎么我的直播评论区一直没有变化呢？喂！大家听不听得到我的声音呀，听到的宝宝请在评论区打个1。"

5. 设计语言打造个性标签

许多用户之所以会关注某个主播，主要是因为这个主播有着鲜明的个性。构成主播个性的因素有很多，个性化的语言便是其中之一。因此，主播可以通过个性化的语言来打造鲜明的形象，从而吸引用户的关注。

主播进行直播带货时，具有个性的语言可以让直播更具特色，同时也可以让整个直播对用户的吸引力更强。一些个性化的语言甚至可以成为主播的标志，让用户一听到该语言就会想起某主播，甚至在看某位主播的视频和直播时，会期待其标志性话语的出现。

例如，某淘宝顶级主播在视频和直播时，经常会说"所有的女生""oh my god！""买它"，这3句话便成为他的标志性话语。于是用户在观看这位主播直播时，都很期待他说这3句话，再加上他的粉丝量众多，影响力比较大，所以当其他人说这3句话时，许多用户也会自然而然地想起这位主播。

6. 借用大咖金句吸引用户

每个行业都会有一些知名度比较高的大咖，大咖之所以能成为大咖，就是因为其在行业中有较高的商业价值，获得了超然的销售成绩。这些大咖之所以能成功，就在于他们都有各自的特点，包括具有出色的外形条件、独特的人格魅力，以及特色的营销话术等。对于新人主播来说，要想成为带货高手，在直播前期，要想吸引更多用户，可以尝试着模仿大咖，借用其特色的营销话术来测试一下带货的效果。

7. 下播时向用户传达信号

每场直播都有下播的时候，当直播即将结束时，主播应该通过下播话术向用户传达信号。那么，如何向用户传达下播信号呢？主播可以重点从3个方面进行考虑，具体如下。

（1）感谢陪伴。如："直播马上就要结束了，感谢大家在百忙之中抽出宝贵的时间来看我的直播。你们就是我直播的动力，是大家的支持让我一直坚持到了现在。期待下次直播还能再看到大家！"

（2）直播预告。如："这次直播要接近尾声了，时间太匆匆，还没和大家玩够就要暂时说再见了。喜欢主播的可以在明晚 8 点进入我的直播间，到时候我们再一起玩呀！"

（3）表示祝福。如："时间不早了，主播要下班了。大家好好休息，做个好梦，我们改日再聚！"

第 6 章
提升产品销量的带货技巧

学前提示

主播承担着销售员的角色,是引导用户购买产品、提升产品销量的关键,这就要求主播在进行直播带货时要掌握一些带货技巧。本章笔者将对影响产品销量的 3 个重要因素进行详细分析,并总结出 5 个提高成交率的策略、分享一些直播带货的实用技巧。

6.1 把握影响销量的重要因素

直播是一个动态的视听过程，对于用户来说，直播可以呈现出产品的真实性，展示产品的细节，从而帮助用户更好地了解产品的功能、特点以及细节，实现产品的价值交换。

而对于主播来说，直播的目标是为了提升产品的销量，这就要求主播在直播间内的行为都要围绕着提高产品的销量来进行。那么，主播要如何提高产品的销量呢？本节笔者首先对影响产品销量的 3 个重要因素做出详细的分析。

6.1.1 用户的购买欲望

在传统的电商购物中，用户需要先通过目录进行检索，查看产品的图片以及文字描述之后，再决定是否购买该产品，这种方式存在一些缺陷，具体如下。

（1）目录检索范围太广泛。
（2）图片展示具有局限性。
（3）文字描述具有片面性。
（4）用户与商家缺少互动。

而直播带货却弥补了传统电商的缺陷，带给用户更直观的购物体验。具体来说，直播带货的直观性具体体现在 4 个方面，如图 6-1 所示。

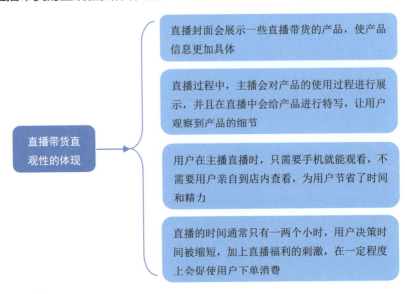

图 6-1　直播带货直观性的体现

与传统电商相比，直播带货可以让用户能够更全面地了解产品，有效地刺激用户的购买欲望。所以，主播作为直播间的主导者，要想提高产品销量，就需要把直播带货的直观性发挥到极致，这要求主播必须做到以下4点。

（1）提高直播吸引力，留住用户。

（2）全面展示产品，突出产品卖点。

（3）提供决策建议，节省用户时间。

（4）利用优惠福利，促使用户下单。

6.1.2 用户的消费频率

一般来说，用户在新人主播的直播间内购买产品之后，再次进行消费的概率往往会很低，这对新人主播来说是不利的。

新人主播直播的时间不长，粉丝的数量有限，直播间内观看直播的用户数量不多，如果主播不能提高直播间内用户的消费频率，可能就很难提高产品的销量。所以，主播要想办法提高用户的消费频率。而影响用户消费频率的因素有很多，下面笔者总结出4个主要因素，如图6-2所示。

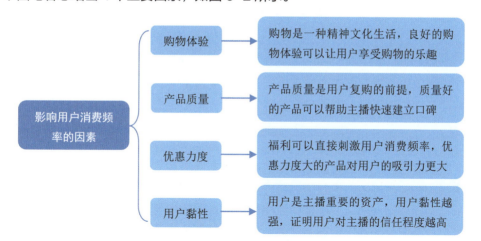

图6-2 影响用户消费频率的因素

由此可见，新人主播在直播带货时，要让有限的粉丝变现，提高用户的消费频率，需要从以下4个方面展开。

（1）提高用户的购物体验。

（2）把控产品的质量。

（3）与商家洽谈时尽量争取优惠和福利。

（4）维护用户关系，加强用户黏性。

6.1.3 用户的信任程度

目前，直播带货的销售额屡创新高，一些顶流主播直播间内的产品几秒售罄已经成为常态，这让许多人产生了疑惑：用户到底是为谁买单呢？

其实，这是因为主播的个人魅力赋予了产品更多的价值，从而影响了用户的购买决策。不仅如此，用户在观看直播时的购买决定，是在其自身有需求以及信任主播的基础上做出的，所以在直播带货中，产品的销量在一定程度上也反映了主播与用户的信任程度。如图 6-3 所示，为主播与用户的信任关系对直播带货的影响。

图 6-3　主播与用户的信任关系对直播带货的影响

6.2　提高成交率的带货策略

了解了影响产品销量的因素之后，接下来笔者将介绍直播带货的 5 个策略，以帮助新人主播更好地提高产品的成交率。

6.2.1　增强用户信任程度的要点

在直播平台上，进行直播带货的商家和主播有很多，为什么用户会选择在你的直播间购买产品呢？这是因为用户面临多项选择时，往往会在值得信任的主播的直播间内购物。所以，主播在直播带货时，要重点与用户建立信任的关系。具体来说，主播要提高用户的信任度，可以从以下 8 点切入。

1．树立正面的个人形象

主播应具有正确的三观，向用户树立一个积极正面的形象，不要为了走红而选择消极的曝光方式。消极的方式只能让主播获得一时的热度，而传递正能量的主播更容易培养用户的信任感。

俗话说："祸从口出"，主播在直播过程中，应当只介绍自己的产品，而不应该评价其他主播的产品。利用抬高自己、贬低他人的方式进行直播，很容易影响用户对主播的好感度。例如，某主播直播时为了提高直播热度，经常向粉丝吐槽其他主播卖的产品价格比自己的贵，导致人设坍塌，失去了一大批粉丝。

2．掌握专业的语言技巧

主播在讲解产品时，掌握专业的语言技巧有利于促进用户消费，所以，主播在直播之前，需要充分地了解产品性能，把握产品特性，并掌握专门的语言技巧。具体来说，主播要提高语言技巧，可以从以下3个方面来展开。

1）学会对症下药

主播需要熟悉产品的用户群体，根据用户群体的特点进行讲解。例如，在美妆直播中，主播面对的多为时尚的女性，因为这类女性普遍爱美，所以主播在直播讲解产品时，需要在把握产品的特点的基础上分析产品的功效，讲述产品让用户变美的价值，在讲述的过程中要尽可能地让用户产生共鸣，带动用户的情绪。

2）热情有感染力

主播在进行带货时需要热情澎湃，要有耐心，并且具有感染力、亲和力，这样才能促进用户消费。例如，被称为"人间唢呐"的某主播在直播时，就经常利用夸张的动作以及热情的语言来带货。

3）有个人观点

在讲解产品时，主播一定要适当地发表自己的个人观点，只有这样，才能让用户相信你已经了解产品或者已经亲身体验过产品。

3．维护和服务好老客户

服务好老客户，回馈给他们优惠福利，调动这部分用户的购买积极性，有利于借助老客户来挖掘更多潜在的客户。

4．提供详细的产品信息

主播介绍产品时，如果对产品的信息介绍得不够详细、全面，用户可能会因为对产品了解不够而放弃下单，所以在直播带货的过程中，要从用户的角度对产品进行全面、详细地介绍，尤其是产品的优势，必要时可以利用认知对比的原理，将自身产品与其他店家的产品进行比较。

例如，主播推荐品牌的美妆产品时，可以将自己的产品与市场上的假冒伪劣产品进行比较，向用户展示自身产品的优势，同时告诉用户鉴别假货的方法，让用户在对比中提高对产品的认知。

5．提供安全的交易环境

在直播交易中，商家提供的交易方式也会影响用户的信任度，一个安全可靠的交易平台会让用户在购买时更放心，所以你需要向用户确保你们的交易是安全可靠的，不会出现欺诈、信息泄露等情况。

6．进行有效的沟通交流

在直播时，主播应该认真倾听用户的提问，并进行有效的交流和解答。如果在沟通过程中，用户对产品的提问被主播忽视了，用户可能就会觉得自己不被尊重，所以主播在进行直播带货时，需要给予用户适当地回应，表示对用户的尊重。可以专门任用小助手负责直播答疑，这样更有利于直播间的有序管理。

7．建立完善的售后服务

完善的售后服务可以为企业建立更好的口碑，同时也是影响用户信任主播的因素。用户购买产品后，难免会遇到产品在运输途中被损坏的问题，面对这种情况，商家应该及时处理，避免影响用户的购物体验以及对主播的信任度。

8．实行场景化营销策略

场景化是指主播把用户生活相关联的产品使用场景引入到直播中，目的是为了帮助用户更好地了解和使用产品。在直播中进行场景化的营销，可以使用户在生活中遇到该场景时，能够自然地联想到产品，进而产生共鸣，最终购买产品。

6.2.2 塑造产品价值的具体方法

决定用户购买产品的因素，除了用户对产品的信任之外，还有产品本身存在的价值。在马克思主义理论中，产品具有使用价值和属性价值，如图6-4所示。

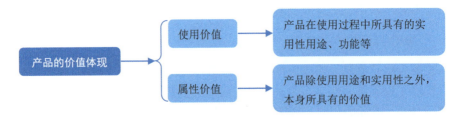

图6-4 产品的价值体现

所以，主播在直播过程中不仅要以自身魅力赢得用户的信任，还要向用户塑造产品的价值。具体来说，产品的价值塑造可以从以下两个方面展开。

1．挖掘产品的基础价值

挖掘产品本身存在的基础价值，即从产品的选材、外形、功能、配件、构造以及工艺等方面挖掘产品的价值。例如，主播在讲解产品时，通常会讲解产品的材质、外形设计以及产品的功能构造等，向用户展示产品本身存在的基础价值。如图6-5所示，为主播讲解产品的外形设计以及功能，向用户展示产品的基础价值。

2．人为地赋予产品价值

在直播过程中，主播要做的是挖掘产品的基础价值时，再人为地赋予产品价值，明确产品的卖点，说服用户下单购买该产品。而主播要人为地赋予产品价值，可以从以下4点切入。

1）赋予产品独特性的特征

产品的独特性可以从产品的设计、取材成分出发，例如许多美妆品牌的产品就经常以产品的取材为出发点，凸显出该产品的与众不同。

图6-5 主播讲解产品的外形设计以及功能

2）赋予产品稀缺性的特征

主播赋予产品稀缺性的特征时，可以在直播过程中强调产品的设计以及数量。利用"限量""专业定制"等词汇向用户表示这类产品是独一无二，甚至是具有收藏价值的。例如，限量款的球鞋，带有独家签名的海报、服饰等，都具有稀缺性。

3）赋予产品优势性的特征

产品的优势性可以是产品的先进技术优势，例如主播直播销售数码电子产品时，就可以借助产品的技术创新进行价值塑造，向用户展示产品的拍照像素、续航能力以及显示分辨率等技术优势。

4）赋予产品利益性的特征

产品的利益性是指产品与用户之间的利益关系，产品的利益价值塑造需要主播站在用户的角度进行分析。例如，主播介绍产品时，可以向用户讲述产品能够为用户带来什么价值，帮助用户解决什么烦恼。

除此之外，主播还可以通过赋予产品额外价值的方法来塑造产品的价值，以下是赋予产品额外价值的两个方法，如图 6-6 所示。

图 6-6　赋予产品额外价值的两个方法

6.2.3　解决用户痛点、满足用户需求

和实体店一样，主播在直播过程中，需要通过和用户沟通、交流，同时运用说话的技巧，抓住用户的心理变化，从而达到促使用户下单的目的。

所以，让用户放下下单前的最后一点犹豫，是很多商家与主播最关心的一点，毕竟有太多用户在开始时虽然表现出了强烈的购买欲望，但是到需要付款的那一刻却犹豫或放弃了。本小节笔者将向读者介绍通过解决用户痛点或满足用户需求来促使用户完成下单的方法。

1．解决用户痛点

痛点，顾名思义，就是用户急需被满足的需求点。大部分用户进入直播间观看直播时，对某些产品是有一定需求的。

这时，即使他（她）当时的购买意向并不强烈，主播也可以通过抓住用户的痛点，激发起用户的购买欲望。下面为大家介绍，如何通过解决痛点来促使用户完成付款行为。

1）挖掘用户痛点

当新人主播提出痛点的时候要注意，只有有关"基础需求"（也就是满足大多数人在衣食住行方面的需求）的问题，才能算是真正的"痛点"。基础需求是用户的根本需求，基础需求没有解决，用户的痛苦会非常明显。

例如，服装是每个人在日常生活中无时无刻都需要使用的产品，一个人在社会上生活，可以几天不吃米饭，但极少有人会不穿衣服。所以，主播在介绍服装的时候，不妨从痛点入手。服装是刚需产品，即使用户现在不需要，也不代表用户的购买需求和欲望不存在。这时，主播需要做的就是激发用户的购买需求和欲望。不仅如此，主播还可以同时展示多种款式的服装，让用户有更多的选择。

2）反复放大痛点

放大痛点，就是通过相关话术，把用户的痛点放大。现代社会对于产品的要求逐渐严格。以服装产品为例，几乎所有人都希望自己在任何场所、任何环境下，都能穿着得体。衣服所蕴含的功能已经从遮羞、保暖和保护作用，演变成了展示个人形象、个性的功能作用。

现代社会，衣服是构成个人形象的关键因素，服装在某种程度上就是自己的形象名片。因此，主播在推荐服装时，就需要把用户的痛点放大，强调别人有而用户可能没有的东西。

例如，对于很多小个子的女性来说，穿衣不显高是她们的痛点，那么主播可以把这个痛点放大，向用户传递买不到显高的衣服有多么痛苦的信息，再给用户一些穿搭建议，引起用户的共鸣。当用户感受到痛苦之后，她们自然会产生购物的需求。这时，主播只需要把话题引到产品上，用户就会下单购买产品了。如图 6-7 所示，为主播向用户展示显高的穿搭技巧，放大用户的痛点。

图 6-7　主播展示显高的穿搭技巧

3）帮助解决痛点

用户为了解决自己的痛点，一定会主动去寻求解决办法。这时，主播便可以帮助用户解决根本痛点。研究显示，每个人在面对自己的痛点时，是最有行动效率的，主播完全可以通过抓住用户的痛点，让购买欲望不强烈的用户也采取下单行为。

例如，部分卖大码女装的直播中，主播的体重达到 150 斤、160 斤，但是，穿上直播间销售的服装之后却一点儿都不显得胖。与此同时，主播会通过话术来凸显服装的显瘦效果，让许多觉得自己有些肥胖的女性在看到主播的着装效果之后，觉得自己的痛点是能够通过购买主播推荐的服装而得到解决的。

4）打造用户痒点

痒点，就是让用户产生美好幻想的需求点。打造痒点，也就是主播在推销产品时，帮助用户营造美好的幻想，满足用户内心的渴望。

给用户营造美好的想象一直是很多商家、企业的营销手段。正是通过帮用户营造出美好的幻想，才能使用户产生实现幻想的欲望和行动力，这种欲望会极大地刺激用户的消费心理，而行动力则会促使用户产生下单的行为。主播在直播时，同样可以利用痒点，满足用户的幻想，从而有效地引导用户下单。

例如，一些商家在推销粉底液时，会强调用户只要使用这款粉底液，就可以打造自然裸妆，如图6-8所示；在推销一款羽绒服时，一定要帮助用户去想象这件衣服穿起来能让人感觉有多么温暖，如图6-9所示。

图6-8　宣传化妆品的使用效果　　　图6-9　宣传羽绒服的保暖效果

2．解决用户需求

在直播带货中，用户的需求是购买产品的重要因素。需求分为两大类，一类是直接需求，直接需求也就是所谓的用户痛点，比如用户在购买时表达的想法，需要什么样的产品类型，这就是直接需求。

另一类是间接需求，这类需求分为两种，一种是潜在需求，主播在带货过程中可以引导用户的潜在需求，激发用户的购买欲望，潜在需求可能是用户没有明确表明的，或者是不能用具体语言表达出来的需求；另一种是外力引起的需求，即由于环境等其他外力因素促使用户进行消费的需求。

在进行带货的过程中，主播如果想要从根本上解决用户的需求，就不能只停留在用户的直接需求上,而应该挖掘用户的间接需求。那么,主播应该如何挖掘用户的间接需求呢?具体来说,主播可以从以下两点切入。

1)客观分析用户的表达

在观看直播时,部分用户为了进一步了解产品,表达自己的诉求,会在直播间的评论区发言,如图6-10所示。

图6-10 用户在直播间的评论区发表言论

当用户在直播间发表言论的时候,主播需要客观地分析用户的言语,不要只停留在语言的表面,而是去思考用户真正所需要的产品。因为在直播间内咨询问题的用户可能本身也并不清楚需要什么产品,所以主播可以通过用户的表达来引导用户消费。

2)选择与用户相符合的产品

每个产品都有针对的用户群体,你的产品打造和营销与用户的需求相匹配,就能引起用户的共鸣。例如,高端品牌的直播往往更符合高消费用户的喜好,这类用户在购物时可能更注重产品的设计感、时尚感,在消费价格上则不太重视。因此,主播可以在把握这类群体心理特征的基础之上,重点分析和讲述产品。

6.2.4 筛选产品提高用户的体验

虽然用户会因为信任主播而购买产品,但是毕竟用户才是产品的使用者,如果产品的质量不过关,或者不符合用户的需求,用户就不会下单购买产品。不仅如此,在直播带货的过程中,产品的好坏会影响用户的体验,所以我们在选择产品时,要从以下6个方面来选择带货的产品。

1. 选择高质量的产品

主播直播带货时不能销售假货、三无等伪劣产品,这属于欺骗用户的行为,被曝光后会被给予严厉惩罚的。虽然价格便宜一直是直播间产品的主要卖点，但是如果产品质量不过关，那么损害的是用户的利益。所以，主播一定要选择高质量的产品，本着对用户负责的原则进行直播。

2．选择相匹配的产品

主播在进行直播带货时，在产品的选择上可以选择符合自身人设的产品。例如，你是一个吃货，那么你选择的产品可以是美食产品；你是一个健身博主，你选择的产品可以是运动服饰、健身器材等；你是一个美妆博主，你选择的产品可以是化妆品、护肤品等。

此外，主播还可以根据个人的性格选择产品。例如，主播的性格是活泼可爱类型的，她直播带货的产品风格可以是可爱、有活力的；主播的性格是认真、严谨类型的，就可以选择高品质、可靠的产品。

3．选择创新型的产品

随着商品同质化越发严重，用户已经对市面上同类产品产生了审美疲劳，所以用户往往更倾向于选择创新型产品。创新型产品具体表现在外形设计以及功能上的创新，它具有以下两个特点。

（1）高颜值。用户在观看直播进行购物时，很容易会冲动消费，而高颜值的产品更容易让用户产生消费欲望。例如，某淘宝主播销售的产品通常都具有高颜值的特点，他在直播过程中习惯先介绍产品的外形设计，让镜头给产品一个特写，突出产品别出心裁的外形设计，刺激用户的购买欲望，如图 6-11 所示。

图 6-11　主播介绍产品外形设计

（2）新奇有趣。当产品的外形设计满足用户需求之后，产品的功能让人觉得新奇有趣，更能吸引用户的注意。

4．选择价格合适的产品

用户观看直播时做出的购买决策在很大程度上会受到价格的影响，所以主播在筛选产品时，还需要考虑产品的价格。首先，主播需要了解什么价位的产品会在直播间更受欢迎，从而保证产品有一个好销量。而要判断产品的价格是否合适，主播可以参照以下3个方法。

（1）粉丝群体的消费能力。

（2）平台同类产品不同价格的销量。

（3）产品的价格与同类产品的价格相比是否划算。

5．选择可配套使用的产品

利用产品配套购买优惠或者送赠品的方式，既不会让用户对产品品质产生怀疑，还会让用户因为产品价格划算而下单，使用户内心产生买到就是赚到的想法。

例如，蘑菇街就有一个"搭配购"模块，如图6-12所示。在这个模块中，一些商家通常会选择一组已搭配好的服装进行组合销售，既可以让用户在观看时因为觉得搭配好看而进行下单，还能让用户省去搭配的烦恼。

图6-12 蘑菇街的"搭配购"模块

6．选择产品进行故事创作

主播在筛选产品的同时，可以利用产品进行创意构思，加上场景化的故事，创作出有趣的直播内容，让用户在观看过程中产生好奇心，并购买产品。

一般来说，用户在观看直播时，是有娱乐需求的，主播选择产品进行故事创作，能够让用户沉浸在故事中，不仅弱化了推销性质，还增加了产品的附加值，让产品对用户更有吸引力。

6.2.5 营造促成交易的购物氛围

主播在营造购物氛围时，可以从优惠时间、产品数量上着手。在紧张的气氛下，用户更容易产生抢购的心理，从而下单购买产品。

1．时间上的紧迫

时间上的紧迫具体可以表现为主播利用限时抢购、限时促销等方式给用户营造紧张感，从而让用户抢购产品。因为限时抢购、限时促销的产品的销量非常高，价格也比较实惠，通常能够吸引用户参与抢购，所以一些电商平台经常会利用限时抢购的方式促使用户下单。如图6-13所示，为淘宝平台上限时抢购的产品。

图6-13 淘宝平台上限时抢购的产品

不仅如此，一些主播进行直播带货时，还喜欢把"秒杀"这一词汇运用在直播间的标题中，从而吸引用户进入直播间，如图6-14所示。

2．数量上的紧迫

在直播过程中，主播限制产品的数量，可以给用户营造紧迫感，从而促使用户下单购买产品。所以，在直播平台上，我们经常会发现有很多主播在做"捡漏"的专场直播,这就是主播通过限制产品数量来引发用户抢购热潮的方式。如图 6-15 所示,为主播以"捡漏"为直播标题营造紧迫感,吸引用户点击进入直播间抢购产品。

图 6-14 主播以"秒杀"为直播间标题

图 6-15 主播以"捡漏"为直播标题营造紧张感

除了限制产品数量可以营造紧迫感之外,销售限量款、清仓断码款产品也可以让用户产生紧迫感。不仅如此,主播还可以利用对产品进行限量分批上架的方式,给用户营造紧迫感。例如,某淘宝顶流主播就经常使用这个方法来促使用户下单,他在直播时,会控制上架产品的数量,并把产品分几次上架,随时向用户播报产品的剩余库存,从而给用户制造紧迫感。

6.3 掌握提高销量的常用技巧

了解了带货的策略之后，下面笔者就来介绍直播带货的一些常用的技巧，帮助新人主播提高直播间的产品销量，从而获得更多的收益。

6.3.1 选择能力专业的导购员

主播在讲解产品的过程中，用户不仅能够根据主播的讲解判断出产品是否符合自己的需求，还能对主播的专业性有所了解。由于很多用户是基于对主播的信任才下单购买产品的，所以如果主播不够专业，用户就很难放心下单购买产品。

另外，产品不同推销方式也会有所不同。当主播直播销售专业性的产品时，用户对主播的期望就更高，所以商家在选择主播时，就要选择专业的主播进行直播。

以销售汽车的直播为例，一般来说，观看直播的用户多为男性用户，这类用户喜欢观看驾驶实况，观看直播的目的主要是为了买车或者了解一些与汽车相关的资讯。对于这类用户而言，专业型的直播会更受他们的欢迎和青睐。这是因为在汽车直播中，用户关心的是汽车的性能、配置和价格等信息，所以更需要专业的主播来讲解产品。

不仅如此，在销售医美医疗、数码类产品的直播中，用户看中的也是主播的专业能力。所以，在进行直播带货时，如果要销售这类产品，就要选择专业的导购担任主播进行直播。例如，你销售的是护肤产品，就要选择专业的人士担任主播，为了显示主播的专业性，可以把主播的信息通过直播标题传递给用户，如图6-16所示。

图6-16 某些商家选择专业人士担任主播

6.3.2 提高直播间的用户留存

主播直播时，直播间的观看人数不仅会影响直播的人气，还有可能影响到直播的收益。因此，主播留住观看直播的用户，提高直播间的留存率，可以增加直播间的曝光，有利于提高产品的销量。这是因为观看直播的用户数量越多，系统就越有可能将直播间推荐给更多精准用户。

所以，对于主播来说，提高直播间内的用户留存，营造用户喜欢的直播氛围很有必要。下面笔者就介绍两个留住用户的技巧，供大家参考。

1. 巧用福利诱惑

因为用户刚进入直播间观看直播时，还没有与主播建立情感联系，所以如果主播的直播内容没有吸引力，就很难让用户停留在自己的直播间内。面对这种情况，主播利用福利往往可以留下一部分潜在的意向用户。如图 6-17 所示，为主播利用现金红包以及抽奖利诱用户停留在自己直播间内观看直播。

图 6-17 主播利用红包和抽奖利诱用户停留在自己直播间内

那么，主播要如何在直播时利用福利诱惑留住用户呢？具体来说，主播可以从以下两个方面展开。

1）开播时引导用户抽奖

因为主播开播时进入直播间观看直播的用户不多，所以留住直播间现有的用户是关键。面对这种情况，主播就可以利用"抽现金红包""9.9 元秒杀""买一送一"等福利留住用户，或者引导用户先抽奖。例如，人称"淘宝女王"的淘宝顶流主播在开播时，就经常利用"话不多说，我们先来抽奖"这一话术引导用户抽奖领福利，进行直播预热，从而使用户停留在自己的直播间内。

2）每5分钟提醒领福利

主播在直播过程中，会不断地有新用户进入直播间观看直播。这时，主播通过重复的方式每隔5分钟便提醒用户抽奖或领福利，可以有效地留住新进入直播间的用户。

2. 回复用户提问

主播在直播过程中，经常会遇到很多用户向自己提出各种各样的问题，如图6-18所示。

图6-18　用户向主播提出问题

一般来说，如果用户对主播推荐的产品不感兴趣，就不会主动向主播发起提问。针对这一点，我们可以初步判断在评论区向主播提出问题的部分用户是有购买意向的。这时，主播可以充当客服的角色，及时回答用户的提问。

例如，当主播向用户推销一件外套，有用户在评论区咨询这件外套的搭配方式时，主播便可以耐心地回答用户的问题，并分享一些专业的搭配知识，让用户有被重视的感觉。

需要注意的是，虽然回答用户问题能够让直播间保持活跃状态，但是对于没有知名度的主播来说，要想通过回答用户提出的问题达到留住用户的目的有一定难度。所以，主播在回答用户问题时，需要做到以下3点。

1）耐心细致

主播在直播时，难免会遇到许多用户咨询同一个问题的情况。这时主播要耐心、详细地回答用户的问题，而不能敷衍用户。

2）足够真诚

用户在直播间内购买产品，是基于对主播的信任，如果主播对用户不够真诚，就很难取得用户的信任。例如，某淘宝知名主播就以真诚取得了许多用户的信任，他在直播时，通常会站在用户的立场思考问题，他不会劝用户盲目购买产品，而是利用话术呼吁用户理性消费。正因为他的态度足够真诚，用户才会选择信任他。

3）回复及时

用户在评论区咨询主播问题时，是希望得到主播回应的，所以主播看到用户的提问，要及时解答。如果咨询主播的用户过多，主播可以选择一些重要的问题进行解答，并向其他提问的用户道歉，取得用户的理解。

6.3.3 呈现产品效果证明实力

想要利用直播做好营销，比较重要的一点就是利用产品效果向用户呈现产品所带来的改变。这个改变也是证明产品实力的好方法，只要产品对用户而言是有实用价值的，那么这个营销就是成功的。

例如，淘宝直播中，一个专门卖化妆品的新人主播在策划直播时，为了能快速吸粉，决定以"眼影眼妆教程"为直播标题进行直播，在通过教用户化妆技巧的同时，向用户证明了产品的使用效果，并推荐产品。利用这种直播方式，该主播在直播时间不到一个月的情况下，就取得了明显的吸粉效果，直播间内的用户观看数量超过了一万，如图 6-19 所示。

图 6-19　某淘宝新人主播的直播记录

因此，主播在直播过程中，一定要尽量将产品的优势和效果在短时间内展示出来，让用户看到产品的独特魅力所在，这样才有机会有效地对用户进行转化。

6.3.4 分享干货进行精准营销

主播直播带货时，一定要分享干货以及产品的使用技巧，让自己的直播内容更有深度。如果主播的直播内容既没有内涵又没有深度，那么这样的主播是不会获得用户长久支持的，也不会有多高的热度。

对此，主播可以利用分享干货的方式进行营销。例如，主播在直播时，可以以"种草"的方式介绍产品，激发用户的购买欲望，并快速地让用户宣传这个产品，使产品获得口碑传播，从而让更多的用户购买产品。

主播除了分享干货外，还要进行精准营销。虽然直播营销已经成为大势所趋，但是也存在一些不可避免的缺陷。

例如，观看直播的用户很多都是"吃瓜群众"，他（她）们往往购买意向不强烈，一般只看不买。因此，使没有购买意向的用户转化为有价值的用户是主播进行直播营销的关键所在，而利用口令红包券便可以很好地解决这一问题。当然，在使用口令红包券这一技巧吸引用户时，有两个需要注意的事项，如图6-20所示。

图6-20 使用口令红包券的注意事项

6.3.5 将产品融入使用的场景

在直播带货过程中，主播想要不露痕迹地推销产品，可以将产品融入场景之中。这种场景营销方式类似于植入式广告，其目的在于营销，方法可以多种多样。下面是将产品融入场景的技巧，如图6-21所示。

图6-21 将产品融入场景的技巧

6.3.6 进行口碑营销树立口碑

在用户消费行为日益理性的情况之下,口碑的建立和积累可以让直播间的热度更持久。建立口碑的目的就是为主播树立一个良好的正面形象,并且口碑的力量会在用户传播过程中不断加强,从而为直播带来更多流量,提高产品的销量,这也是一些网上店铺希望用户给予产品好评的原因。那么,一个好的口碑又具有哪些影响呢?具体内容如下。

1)挖掘潜在用户

口碑营销在用户的购买中影响重大,尤其是潜在用户,这类用户会询问已购买产品的用户的使用体验。或者查看产品下方的评论,查找用户的使用感受。所以,已使用过产品的用户的评价在很大程度上会影响潜在用户的购买决策。

2)提高产品复购率

对于主播来说,口碑是取得社会认同的体现,所以树立好口碑也是提高产品复购率的营销方案,同时也反映了主播的信誉度。

3)增强营销说服力

口碑营销相较于传统营销更具有感染力,口碑营销的产品营销者其实是使用过产品的用户,而不是品牌方,这些使用过的用户与潜在用户一样都属于用户,在潜在用户的购买上更具有说服力。

4)解决营销成本

口碑营销能够节约主播在引流上投放成本,为主播的长期发展节省宣传成本,并且帮助主播进行口碑传播。

5)促进企业发展

口碑营销有助于减少企业营销推广的成本,并增加用户数量,最后推动企业的成长和发展。不仅如此,口碑同样影响着直播带货的正常进行,那么主播应该如何进行口碑营销呢?

具体来说,口碑是品牌的整体形象,这个形象的好坏主要体现在用户对产品的体验感上,所以口碑营销重点还是不断地提高用户的体验感,具体可以从以下3个方面进行改善,如图6-22所示。

图6-22 改善用户体验感的方法

不仅如此，产品的质量和售后服务也是口碑营销的关键，一旦处理不好售后服务，就会让用户对产品的看法大打折扣，进而影响到产品的复购率，因此，优质的售后服务也能够推动口碑的树立。

那么，主播要如何给用户提供优质的售后服务呢？具体来说，主播可以参考以下两个方法。

1）把产品的售后"透明化"

把产品售后"透明化"就是把整个售后流程告知用户，如果用户收到产品后，觉得产品不符合预期，可以申请退换货；如果产品不支持退换货，则需要向用户说明原因，让用户打消售后顾虑。主播在向用户推荐产品时，可以向用户提前说明产品的售后情况，或者在直播间内明确售后情况，如图6-23所示。

图6-23 主播在直播间内明确售后情况

2）制定规则约束客服人员

用户在申请售后时心情往往是很急躁的，他（她）们往往希望客服人员可以帮助自己尽快解决问题。

这时，客服人员需要尽快回复用户、安抚用户。而为了充分发挥客服人员的主动性，主播以及直播团队可以制定规则约束客服人员。

6.3.7 打造专属产品留下印象

对主播来说，只销售一种产品是不太现实的。但实际上为了让用户更加关注你的产品，专注于一个产品才是比较可靠的，而且这种方法对于那些没有过多直播经验的新人主播来说更实用。

直播与学习一样，不能囫囵吞枣、一口吃成胖子。一般来说，主播的直播专注于一个产品，成功的概率会更大。当然，在打造专属产品时，主播应该注意两个要求，如图 6-24 所示。

图 6-24　打造专属产品的要求

通过这两种方法，主播的产品就会获得很多曝光机会，从而使产品的传播力度不断加大，给用户留下深刻的印象，为产品的销售打下良好的基础。

6.3.8　利用福利诱导用户

想让用户在观看直播时快速下单，运用送福利的方式能起到很好的效果，因为这能很好地抓住用户偏好优惠福利的心理，从而"诱导"用户购买产品。例如，一些主播在直播时，会利用直播标题向用户传递直播间内做活动的信息，让用户产生观看直播的想法。

除此之外，利用折扣、清仓的标题诱导用户观看直播的方法也很受用。这是因为价格低的产品一般能够引起众多用户的注意。如图 6-25 所示，为部分主播利用"折扣""清仓"的直播标题吸引用户观看直播。

图 6-25　部分主播以"折扣""清仓"为直播标题

6.3.9 通过物美价廉吸引用户

用户之所以会通过直播购买产品，原因就是直播间内的产品价格比较便宜。针对这一点，主播要在直播中体现出产品物美价廉的优势。

主播在直播时，可以反复说"性价比高，包您满意"等语句，加深用户的印象。虽然通过这样的方式推销过于直接，卖货的效果不一定会很好，但是用户需要主播向他们传达这样的信息，这是因为大部分用户都持有物美价廉的消费观。

例如，有一位试图推销 VR 眼镜的主播在斗鱼平台上进行直播时，就利用了这个技巧吸引了上万用户的关注，产品也因此得以大卖。那么，这位主播具体是怎么做的呢？笔者将其营销流程总结为 3 个步骤，如图 6-26 所示。

图 6-26 某主播推销 VR 眼镜的直播流程

同时，主播在直播中还给用户送上了特别优惠，给"物美价廉"的产品又增添了几分魅力，不断地吸引用户前去淘宝下单。通过这种推销方式，这款产品便成为该主播带货产品中的爆款。

6.3.10 设置悬念引起用户注意

制造悬念吸引人气是很多企业做营销时都在使用的方法，这对直播变现也同样适用。主播在直播中设置悬念，不仅可以激发用户的参与热情，还可以使用户对直播充满期待和好奇。

例如，微鲸电视曾经很好地利用了"设悬念网人气"的方法，获得了巨大的成功。趁着欧洲杯人们对足球热情的高涨，很多企业加入了直播的大队伍之中，微鲸电视就是其中一个。它联合美拍进行了一场主题为"颠疯挑战"的直播。

在这次直播中最大的看点就是"中国花式足球第一人"参与挑战两小时颠球 4000 下。这次挑战直播设置了悬念，留住了用户，还有效地增强了用户对微鲸品牌的好感度，可谓一举两得。

此外，通过设置直播标题和内容双料悬念也是网罗人气的一大绝佳方法。有些直播标题虽然充满悬念，但直播内容却索然无味，这就是人们常说的标题党。那么，要如何设置直播标题的悬念呢？笔者总结了 3 种方法，如图 6-27 所示。

至于制造直播内容悬念方面，主播就要根据实际情况进行直播，一定要考虑到产品的特色以及自身的实力等因素，不能夸大其词，否则用户就会认为你是在虚假宣传。

图 6-27　设置悬念标题的方法

6.3.11　通过对比突出产品优势

直播变现的技巧除了围绕产品本身之外还有一种高效的方法，那就是在直播中将所销售的产品与同类产品作对比。通过对比，可以使用户更加信任你的产品，并产生购买欲望。当然，在直播中进行产品的对比时还需要一些小诀窍，笔者将其总结为以下 4 点。

1. 和其他商家的产品进行对比

当用户在对产品建立认知或进行价值判断的时候，如果主播没有提供同类产品让其进行对比，那么他往往会根据以往的经验和认知来判断产品的价值。

一旦用户利用这种方式对产品作出判断，其结果自然不受主播的控制。但如果主播提供了产品对比图或同类型的参照物，他就会基于眼前的参照物进行对比，判断产品是否值得购买。因此，用参照物进行对比的营销手段经常被各大商家、企业用来突出自家产品的优势和亮点，如图 6-28 所示。

图 6-28　同类不同商家产品进行对比

2. 用同类产品的不同型号进行对比

为用户提供同类产品不同型号款式的参考选择，也是许多企业突出产品优势、刺激用户下单的方式，如图 6-29 所示。

图 6-29　同类不同型号款式产品对比

3. 用优惠前后的产品价格进行对比

用优惠前后的产品价格进行对比，突出产品优惠后的价格和市场原价之间的差距，如图 6-30 所示。

4. 用产品使用前后的效果进行对比

除此之外，利用产品使用前后的效果进行对比，可以让用户对产品的使用效果有深刻印象，如图 6-31 所示。

好的参照物能让用户快速建立对产品的认知，不断地强化你想突出的关键信息，最终达到预期的效果。对比是人们与生俱来的本能，能让我们更快地做出决策，而参照物起到至关重要的作用。所以，合理地运用参照物进行对比能让你的直播营销效果大大提升。

如果主播亲自体验产品的效果，这一点能引起用户的共鸣，从而获得用户的信赖。例如，淘宝直播中一些专门卖品牌服装的店家，会在直播中展示衣服的材质、特点和款式，并把自己的产品与其他仿制品进行对比，从而取得用户的信任；

一些专门卖护肤品的主播，会在直播间的屏幕一侧放使用产品前以及使用产品后的照片，让用户感受使用产品的效果。

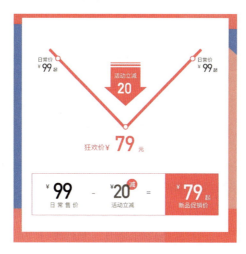

图 6-30　产品价格优惠对比

图 6-31　产品使用前后效果对比

由此可以看出，在直播中加入对比的方法确实能吸引用户的关注，而且还能为直播增加一些乐趣。但是，主播在将自家产品与其他商家的产品进行对比时，也要注意文明用语，不能以恶劣、粗俗的语言过度贬低、诋毁其他产品。只有这样用户才会真正喜欢你的直播，信赖你的产品。

6.3.12 直播全程保持亢奋状态

直播带货的主播实际上就是产品的推销员，而作为一个推销员，就要想办法吸引直播的流量，从而提高直播间产品的转化率。

如果不能提高直播间产品的转化率，就算主播每天夜以继日地开播，也很难得到满意的结果。主播的情绪对于转化率是非常重要的，主播要明白，产品推销员不是一个娱乐性的工作，只有具有高商业价值的主播才是这个行业所需要的。

而要想成为商业价值高的主播，就先得让自己成为一个优秀的推销员，在给用户讲解产品的时候，要学会声情并茂，而不是态度冷淡、面无表情，否则将会影响到产品的转化率。所以，在直播时，主播需要时刻展现出积极向上的状态，让自己尽可能地保持亢奋的状态，这样才能感染每一个进入直播间的用户，同时也有利于树立起积极乐观的主播形象。

如果主播自己的状态低沉，情绪不佳，就很难去吸引并说服观看直播的用户来购买自己推荐的产品，甚至会使得这些用户退出直播间，这种行为无疑会影响直播间的人气。

另外，主播也可以根据不同类型的用户进行情绪管理。了解那些进入直播间观看直播的用户类型，学会根据不同的用户类型，有针对性地进行沟通和互动，这样可以更加有效地得到想要的效果。如图6-32所示，为进入直播间的用户类型。

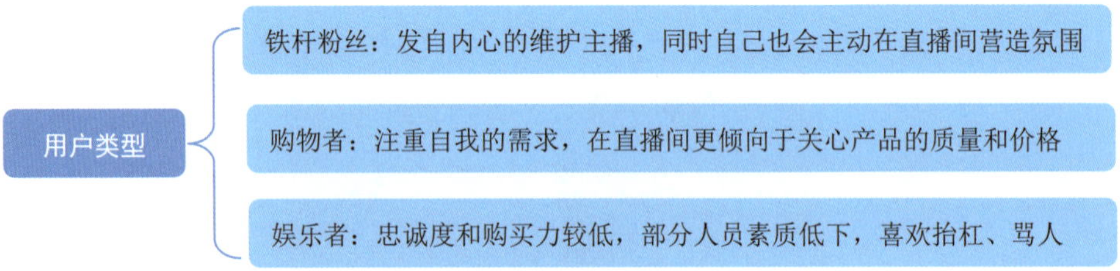

```
用户类型 ┬─ 铁杆粉丝：发自内心的维护主播，同时自己也会主动在直播间营造氛围
        ├─ 购物者：注重自我的需求，在直播间更倾向于关心产品的质量和价格
        └─ 娱乐者：忠诚度和购买力较低，部分人员素质低下，喜欢抬杠、骂人
```

图6-32 直播间里的用户类型

在面对自己的铁杆粉丝时，主播的情绪管理可以不用太苛刻，适当地向他们表达自己的烦恼，宣泄一点压力反而会更好地拉近和他们之间的关系。

消费者类型的用户一般习惯以自我需求为出发点，他（她）们只关心产品的价格和质量，对主播并不看重。面对这种用户类型时，主播需要展现出积极主动的情绪，解决他们的疑惑，同时也要诚恳地介绍产品。

而主播在面对娱乐者类型的用户时，可能会遇到部分素质较低的用户，他（她）们以宣泄自己的负面情绪为主，在直播间和主播抬杠，并且以此为乐。对此，主播如果进行情绪管理，对他们表示忍让是没有意义的。这时，主播可以向其用户表示歉意后，请场控帮忙应对这类用户。

6.3.13 进行复盘分析不足之处

通常来说，一场直播的时间可能长达 3~5 小时，在这个过程中，直播间的镜头是实时地向用户展示主播直播状态的，其中，主播难免会有做得不足的地方。所以，直播结束之后，主播一定要进行直播复盘，总结经验，优化自己的带货能力。

一些直播大咖之所以能在直播行业中达到现在的高度，原因就在于他（她）们在直播中不断地积累经验，才形成了独有的直播风格。

例如，某淘宝平台的女主播，人称淘宝女王，她在每次直播之后都会进行直播复盘，将自己的直播从头到尾看一遍，对直播中的表现进行总结，并不断地优化自己的直播技巧。

那么，主播要如何进行直播复盘呢？下面为大家介绍直播复盘的步骤，以便为直播带货的主播进行参考。

1）第一步：确定数据分析目标

主播进行数据分析，可以帮助主播找到直播间数据发生波动的原因。一般来说，直播平台会有数据的记录，为了发现直播的不足，主播可以制作出直播间的数据模型，从而及时调整直播带货的措施。

除此之外，直播间的数据流量变化还可以帮助主播分析出直播中高流量产生的原因，从而帮助主播实现带货能力的突破。

2）第二步：直播复盘经验总结

每个主播的带货产品都有所差异，直播间的风格也有所不同，主播进行直播复盘，有利于主播发现适合自身的直播方式，也有利于理解用户的感受。不仅如此，进行直播复盘，还有利于主播总结自身直播中的错误，将经验转化为个人的能力，不断地提高自己的直播带货能力。

第 7 章
刺激用户下单的销售技巧

学前提示

主播直播带货的目的是为了销售产品,这要求主播必须对产品的销量负责。所以,主播在进行直播带货的过程中,必须掌握一些销售技巧。本章笔者将向大家分享一些刺激用户下单的技巧,供主播借鉴。

直播带货从新手到高手

7.1 放大吸引用户的产品优点

主播进行直播时,必须要对产品进行全面展示,以便让用户了解产品。而在展示产品的过程中,主播需要掌握一些销售技巧,放大产品的优点,只有这样,才能吸引用户的注意力,让用户产生购买欲望。

例如,主播在展示产品前,只有全面了解产品的信息,才能提炼出产品的卖点;在展示产品时,只有了解了观看用户的需求,才能在讲解产品时有侧重点。而在展示产品后,主播就要对产品介绍做一个简单的总结,从而加深用户对产品的印象。

7.1.1 展示产品前的准备工作

因为用户在观看直播时,经常会向主播发起提问,所以主播在展示产品前只有全面了解产品的相关信息,才能正确地回答用户提出的问题。不仅如此,主播还需要把控好直播的流程,安排好介绍产品的顺序。

1. 了解产品的相关信息

虽然大多数用户在观看直播时,很容易会因为信任主播而下单购买产品,但是如果主播在展示产品时不够专业,一些用户就会觉得主播在欺骗自己。因此,主播要对所销售的产品有深入的了解。例如,产品的生产原料、外形设计、品牌以及销量等,都是主播需要了解的相关信息。除了这些基本的信息之外,主播还需要掌握产品的其他信息。例如,主播要对产品的优缺点有所了解,才能明确产品的相关卖点,从而说服用户下单购买产品。

一些主播在介绍产品时,往往会夸大产品的优点,对产品的缺点却只字不提,这样很容易导致用户对产品的预期过高。一旦用户收到产品时,觉得产品不符合自己的预期,就很容易产生心理落差而不再相信主播。任何产品或多或少都存在缺点,虽然主播在介绍产品时,不能回避其缺点,但是可以使用一些技巧弥补缺点。

首先,主播在了解产品的相关信息时,要对产品的优缺点有所研究。具体来说,主播可以从产品的材质、功能以及外形设计等方面展开。例如,主播要想在直播过程中向用户推销一款粉底液,如果"持久控油""防水不脱妆"就是产品的优点,那么"卸妆难"很可能就是该产品的缺点。

其次,为了更好地掌握产品的优缺点,主播可以通过亲身试用产品来多方面了解产品的优缺点,在了解产品优缺点的基础上,掌握弥补产品缺点的技巧。例如,某款眼线笔虽然有防水不脱妆的优点,但是很难卸干净,所以主播就要了解卸眼线的一些小技巧,并把这些技巧分享给用户。

不仅如此,主播还可以掌握一些介绍产品的技巧,在讲解产品的优缺点时,先简单地讲明产品的缺点，再详细地突出产品的优点，将产品的缺点弱化。

2．安排介绍产品的顺序

主播明确带货产品的详细信息之后，便可以合理地安排所要销售的产品的讲解顺序了。在安排产品的讲解顺序时，主播可以参考以下两个步骤，有效地提高讲解产品的效率，如图7-1所示。

图7-1 安排产品讲解顺序的步骤

此外，主播在进行产品排序时，还需要掌握以下两种排序方法。

（1）主播优先讲解打折的新品，然后讲解品牌的经典款产品，再讲解清仓类的产品。首先，主播利用"新品""折扣优惠"等词汇可以吸引用户观看直播的好奇心，激发用户观看直播的热情，为主播接下来展示产品做好铺垫。

其次，主播在讲解品牌的经典款产品时，着重强调产品的销量以及产品的品质，可以进一步激发用户购物的欲望。当主播的直播开展到后半阶段时，便可以开始展示清仓类的品牌产品了。

虽然大多数清仓类的品牌产品都是一些款式单一或断码的产品，用户在产品规格的选择上比较有限，但是这些产品的质量是有保证的，所以这些产品往往能受到许多用户的喜爱，从而引发用户的抢购热潮。

（2）主播依照产品的价格有规律地进行排序。刚开播时，因为进入直播间观看直播的用户数量还不稳定，所以主播要想办法把刚进入直播间的用户留下。这时，如果主播讲解的第一个产品的价格很昂贵，部分用户就有可能会因为没有购买欲望而退出直播间。

面对这种情况，主播在开始直播并进行产品预热之后，就可以先讲解价格较低的产品，给用户留下一个产品价格便宜的印象，再在直播的中期向用户推荐一些价格较高的产品。需要注意的是，当主播讲解完一款价格较昂贵的产品之后，接下来就要讲解一款价格稍微低一些的产品，否则很容易给用户留下产品价格普遍偏高的印象。

例如，主播可以根据产品价格"低、高、低"的顺序讲解产品，利用这种排序方式，能够让用户觉得主播直播间内的产品大多数比较便宜。如图7-2所示，为某淘宝顶流主播讲解部分产品的顺序。从图7-2中我们可以看出，这位主播讲解产品的顺序主要是根据产品价格"低、高、低"的顺序进行排序的。

图7-2　某淘宝顶流主播讲解部分产品的顺序

7.1.2　展示产品时的方法技巧

主播做好展示产品前的准备工作之后,还需要掌握一些展示产品的方法和技巧,以帮助自己提高产品的销量。那么,主播要如何展示产品才能达到提高产品销量的目的呢？下面笔者详细分享一些展示产品的技巧。

1. 介绍用户想要了解的部分

主播在展示产品时,必须要以用户的需求为出发点,重点讲解用户想要了解的部分。具体来说,主播在展示产品时,可以从以下5个方面入手。

1)分享品牌故事

一般来说,如果产品的品牌已经具有一定的知名度,主播在介绍该产品时就可以向用户分享一些品牌发展过程中比较有意义的故事,让用户了解品牌不一样的一面,加深用户对品牌的印象。如果主播销售的是一些品牌知名度不高的产品,就需要向用户讲解品牌创立的时间以及该品牌的理念,让用户了解产品的品牌,打消用户对品牌的顾虑。

2)详细分析产品成分

近年来,直播带货行业售假、销售数据造假以及主播直播"翻车"的现象频繁地被曝光，这导致用户对产品的质量也越来越重视，对产品的成分也越来越关注。

所以，主播在展示产品时，可以对产品的组成成分进行详细解说，分析这些成分对用户有什么好处。例如，主播在销售一款含有玻尿酸成分的精华时，就可以对玻尿酸这一成分进行详细的分析，向用户表明这一成分对人的皮肤有什么好处、含有哪些特殊功效等。

3）如实讲解产品功效

很多主播在展示产品时，都会重点讲解产品的功效，特别是销售美妆以及护肤产品的主播通常会亲自试用产品，再结合自己的亲身感受来讲解产品的功效。而对于产品的功效，主播要如实讲解，不能虚假宣传，否则一旦用户对产品的期望过高，收到产品后却发现产品不符合预期，就很容易产生心理落差。

4）多方面讲解产品知识

主播在展示产品时，可以从多方面来讲解有关产品的知识，还可以对一些产品的知识做出延伸，介绍产品外观设计的特点以及优势，展示产品的使用技巧和使用效果等。

5）讲解产品的使用感受

直播时，一些主播通常会和助理一起出镜进行直播，而且主播还会将产品涂抹在助理手上，让助理讲述使用感受，给用户营造幻想的空间，如图 7-3 所示。

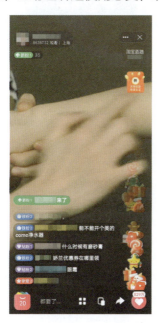 

图 7-3　主播将产品涂抹在助理手上

2. 多增加产品的试用环节

大多数用户之所以更喜欢在直播间内购物，是因为在直播间内能够看到产品的实际效果。所以，主播为了更好地让用户感受到产品的真实功效，需要在展示产品的过程中做到以下两点。

1）将情感需求与产品相结合

主播在展示产品时，要找出用户的情感需求，并把用户的情感需求与产品相结合，优先分析用户的痛点，再结合产品的特性分析产品。例如，主播向用户推销一款不粘锅时，首先要向用户诉说自己在烹饪时遇到了粘锅的情况，引起用户的情感共鸣后，再向用户展示试用不粘锅的过程，如图7-4所示。

图7-4 某主播展示试用不粘锅的过程

2）展示产品的体验要有创意

很多主播在直播带货时，并不重视展示产品时的创意性，而是简单地介绍完产品的信息之后，就直接进入了产品的试用环节。因此，大多数主播直播带货时为了提高效率，只是粗略地展示了产品的体验效果之后就直接上产品链接，呼吁用户购买产品，这种简单粗暴的推销方式是很难获得用户好感的。

主播在展示产品的体验时还需要有创意，才能吸引用户的注意力。例如，我们在淘宝平台上观看一些顶流主播直播时，通常会看到他（她）们的直播间内有一些镜头的切换，当主播介绍完产品之后，镜头便会切换到助理试用产品的场景中。

7.1.3 展示产品后的直播工作

当主播展示了产品之后,就要回归到产品的价格上了,为了激发用户购物的热情,主播需要放大产品的优点,塑造高产品高性价比的优点。不仅如此,主播在讲述完产品的优点之后,还要向用户说明产品的售后情况,让用户打消维权困难的顾虑,另外,主播还要教用户学会如何领取优惠券,帮助用户用更实惠的价格购买到产品。

1. 提醒产品价格优惠

在直播过程中,主播通过多次提醒产品的价格,不仅可以加深用户对产品的印象,还可以加深用户对自己的印象。例如,某淘宝主播直播时,通常会不断地用"我们只销售全网较低价的产品"的话术向用户反复强调产品的价格优势,从而加深用户对自己的印象。当用户需要购买产品时,自然就会想起该主播销售的是"全网较低价"的产品。

2. 放大产品具体细节

网上购物是存在一定风险的,许多用户正是认识到了这一点,才会对直播间内的产品心存疑虑。针对这一点,主播可以通过放大产品的细节来突出产品的优点,让用户对产品的优点有所认识。以销售服装产品为例,主播可以将产品贴近直播镜头,放大产品的细节,让用户看到布料的质地以及颜色、纹理,促使用户对服装的质量作出判断,如图 7-5 所示。

图 7-5 主播放大服装的具体细节

3. 描述无法展示的功能

主播展示产品之后，还需要将一些无法展示出来的产品功能描述出来。例如，大多数用户在购买香水时，因为对香水的味道没有很好地把握，都喜欢先亲自试用后，再购买。所以对于主播来说，销售香水是有一定难度的。由于主播无法把香水的味道直接向用户展示出来，只能用语言描述出香水的气味。在这个过程中，如果主播没有成功地引发用户对该产品功能的联想，就很难说服用户下单。

4. 表明产品售后服务

当主播放大产品优点、提高产品性价比之后，还需要给用户吃一颗"定心丸"，提前向用户讲明产品的售后服务，让用户放下对产品售后服务的顾虑。

5. 教用户领取优惠券

由于一些产品是有固定的优惠券的，所以主播将产品的优点、价格以及售后都向用户表述清楚之后，就要教用户领取优惠券，下单购买产品了。为了减轻工作量，主播可以借助直播助理，让助理在镜头前教用户领取相应产品的优惠券下单购买产品，如图7-6所示。

图7-6 直播助理教用户领取产品优惠券下单购买产品

7.2 打消用户犹豫的促单手段

主播在直播带货的过程中，很可能会遇到用户对产品很感兴趣，却犹豫不下单的情况。面对这种情况，主播要尽量了解用户犹豫的原因，在把握用户心理的情况下，有技巧地刺激用户下单购买产品。

7.2.1 分析用户犹豫的具体原因

用户在做出购买决策前，通常要做一些心理斗争，犹豫是否应该购买该产品。一般来说，他（她）们犹豫的主要原因是对产品的真实性存在质疑，或者产品并非刚需以及产品价格不符合预期。下面笔者对这3个犹豫的原因做出解析，并分享一些应对技巧，帮助主播消除用户的犹豫。

1．质疑产品的真实性

直播带货给用户带来良好购物体验的同时，也带来了许多让用户担心的问题，例如假冒伪劣、虚假宣传等。对于这些问题，主播要一一打消用户的疑虑，具体来说，可以从以下4方面入手。

1）展现专业性

主播在直播过程中，要向用户展现自身的专业性。例如，用户观看直播就某个产品提出问题时，主播需要及时帮助解答；或者主播在销售某款产品时，要多发表一些专业的见解等。主播在用户面前表现得越专业，就越能赢得用户的信任，这也是主播必须要做垂直的直播内容的原因。

2）直接试用产品

主播向用户推荐产品时，为了打消用户的质疑，可以在直播间内直接试用产品。例如，主播推销某款美妆产品时，可以直接把产品涂抹在自己的脸上，再贴近直播间的镜头，让用户看到产品的效果。

3）讲述使用过程

对于一些无法快速显现出使用效果的产品，主播可以向用户讲述自己使用产品的经历来打消用户的疑虑。以销售某款美白的产品为例，主播介绍完产品之后，可以通过视频或照片向用户展示自己使用这款产品前后的状态，让用户看到自己皮肤的变化，并向用户分享在使用产品过程中发生的一些趣事。

4）告知产品可退换

当用户在主播的引导下还是没有打消对产品真实性的疑虑时，主播可以告知用户产品是可以退换的，让用户放心下单。如果产品有包邮和赠送运费险的服务，主播要多次向用户强调产品包邮并且是赠送运费险的。

2. 产品不是用户的刚需

当主播推销某款产品时，并不是所有的用户都会对该产品有购买需求。虽然一些用户会被主播的话术激发出购买欲望，但是他（她）们在下单前还是很可能会因为产品不是刚需而放弃下单。

针对这一点，主播需要营造产品的使用场景，让用户意识到自己有购物需求。很多时候，直白的语言很难让用户感受到产品对他（她）们的重要性，主播只有让用户知道产品具体的使用场景，才能让用户了解到这些产品能为他（她）们带来哪些有用价值。

例如，某主播曾在直播间中销售过一款可挂在床头的收纳袋。对于大部分用户来说，这种收纳袋并不是刚需，那么这位主播是如何推销这款产品的呢？具体来说，主播在简单地介绍了产品之后，便让大家试想了一个生活场景：很多人睡觉前喜欢把手机放在床边的桌子上，但醒来时拿手机很麻烦，还有可能会遇到在拿手机的过程中不小心把手机摔到地上的情况，但购买了这个床头收纳袋之后，大家睡觉前把手机放在这个收纳袋中，就不用再担心手机会掉到地上或者拿手机麻烦了。

3. 产品价格超出用户预期

价格一直是影响大部分用户购买产品的重要因素，即使一些用户很喜欢某款产品，在看到产品的价格超出了心理预期后，也很可能会犹豫不决而迟迟不下单，甚至放弃购买该产品。对此，主播可以利用以下3种方法打消用户对产品价格的顾虑。

1）将产品价格与市场价格作对比

一般来说，用户对一些价格高的产品往往很难打消心中的顾虑。但主播推销的产品价格之所以比较高，是因为其市场价格也不低，所以产品的降价空间比较小。

当用户对这类产品的价格有顾虑时，主播可以通过展示市场上同类产品的价格，来证明所推销产品的价格优势。不仅如此，主播还可以将产品优惠前的价格与现在的价格作对比，进一步打消用户的顾虑。

2）多次强调产品的性价比

高性价比的产品往往很容易受到许多用户的青睐。当主播所推荐的产品与市场同类产品价格相比没有很大优势时，主播可以通过强调性价比，通过向用户展示产品的质量来打消用户的顾虑。如果主播推荐的产品质量比其他产品更好，那么在产品价格差距不大的情况下，用户一般会选择性价比高的产品。

3）拆分产品成本体现价值

当用户还是认为主播销售的产品价格较高时，主播可以将产品的成本——拆分开来，向用户呈现出产品的价值。

例如，主播销售一款包包时，就可以向用户强调："这款包包是纯手工制作的，制作的材料是上等的牛皮，而且包包的设计独特，图案是纯手工绘制的。"主播通过拆分产品的制作成本，向用户说明产品制作所需要付出的人力、物力以及财力之后，可以让用户充分认识到产品的价值，这样用户自然就不会过多地纠结产品价格了。

7.2.2 玩转用户心理的报价技巧

主播在进行直播带货时，要把握用户的心理，明确用户的心理需求。所以，主播在告知用户产品的价格时，并不是简单地告诉用户产品的价格就可以了，而是要充分满足用户的心理，让用户感觉到产品的价格很实惠，否则，主播就很难激发用户的购物欲望。下面笔者向大家分享一些报价技巧，以供新人主播借鉴。

1. 学会设置产品锚点价格

设置锚点价格是指主播为产品设定一个提供参考的更高价，让用户作对比，从而感受到产品价格的优势。先用高价来做锚点，再用降价来影响用户对产品价值的判断，是许多商家常用的一种报价方式，主播在报价时也可以利用这一手法。

例如，主播在销售一款护肤套装时，可以告诉用户这款套装原价为 1999 元，但在直播间内购买只需要 999 元。其中的 1999 元便是产品的锚点价格，用户将产品的现价与产品的锚点价格作对比之后，便会认为自己得到了优惠，从而下单购买该产品。

需要注意的是，主播报完锚点价格之后，要给用户一个降价的理由，否则很可能会让用户对产品的锚点价格产生怀疑。例如，主播可以告诉用户，是自己努力向品牌方砍价，才有了现在的优惠价，或者向用户强调自己是为了做活动或回馈粉丝，才会给到用户如此优惠的价格。

2. 设置大牌的平价替代款

大部分用户对大牌产品的质量、功效是有一定认知的，这也是用户对大牌产品向往的原因，但因为大牌产品价格昂贵，所以很多用户会选择购买一些平价产品。针对这一点，主播在推销一些价格不存在竞争优势的产品时，要想让用户认识到产品的价值，就可以将一些同类的大牌产品与自己所销售的产品作对比，让自己的产品成为大牌产品的平价替代款。

例如，某淘宝主播在推荐某平价品牌的一款粉饼时，就经常将其与其他大牌粉饼作对比，用类似"这款粉饼的粉质跟 ×× 品牌的粉饼一样细腻耶！"的话术让用户产生该产品能够代替某大品牌产品的意识。

3. 报价前先明确产品优势

主播在向用户推销产品时,不能在用户不了解产品优势的情况下就直接报出产品的价格,否则用户在了解了产品的价格之后,觉得价格不符合预期,就会直接退出直播间。不仅如此,一旦用户了解了产品的价格之后,再听主播介绍产品的卖点,就会将产品与其他更便宜的同类产品作对比。这时,用户就会对产品的价格产生怀疑。

因此,主播在报价前,一定要充分讲解产品的优势卖点,让用户了解产品的价值,先激起用户的购买欲望,让用户对产品的价格放松要求之后,再把产品的价格告知用户。

7.2.3 促成用户下单的具体方法

主播在进行直播带货的过程中,除了要掌握一些把握用户心理的报价技巧之外,还需要掌握一些促成用户下单购买产品的方法。下面笔者介绍3个促成用户下单的具体方法,帮助主播快速说服用户购买产品。

1. 从众成交法

从众成交法是指主播利用用户的从众心理,有针对性地促使用户下单购买产品的方法。主播利用从众成交法,可以有效地激发用户的从众心理,刺激用户的购买欲望,降低促单的难度。那么,主播要如何利用从众成交法刺激用户的购买欲望呢?具体来说,主播可以从以下3个方面展开。

1)利用名人效应

借助名人效应来刺激用户的购买欲望是很有效的,如果主播推荐的产品与明星所用的是同款产品,那么这款产品的销量就不会很差。

因此,主播只要利用名人效应来营造、突出产品的卖点,就可以吸引用户的注意力,让他(她)们产生购买欲望,这也是淘宝及京东上明星同款产品销量好的原因。

2)产品符合潮流

大多数观看直播购买产品的用户都是年轻人,他(她)们一般追求潮流,喜欢流行且新奇的事物,所以主播在向用户推销产品时,可以告诉用户产品的款式是今年流行的,那么用户很可能会被主播说服下单。

3)透露产品的销量

主播在使用从众成交法时,可以告诉用户产品的具体销量,利用数据增强说服力,达到劝说用户下单的目的。例如,当主播向用户推销一套美妆产品时,可以对用户说:"这款产品的销量一直很好哦,这个月我们已经卖出几千套了。"

需要注意的是，从众成交法并不是对所有的用户都适用，对于一些追求个性、有个人想法的用户来说，从众成交法对他（她）们所起到的作用一般不会很大。

2．假设成交法

假设成交法是指主播以用户购买产品为前提，向用户提问问题，并逐步引导用户进入购买产品的假设中。

例如，当主播销售一件外套时，为了刺激用户下单，主播可以对用户说："这件外套的库存没有多少了，大家还想要买的话，在直播间跟我说一下，我帮大家跟厂家说一下，看能不能再加一些。"主播做出用户已经准备购买这件外套的假设之后，就暗示用户外套的库存不足，利用这种方式让用户产生紧迫感，那么用户很可能就会迅速完成下单。

3．限时优惠法

主播或商家通常会利用限时优惠法来营造紧迫感，从而促使用户下单购买产品。相比其他优惠活动，"限时"二字能够放大产品在用户心中的价值，激发用户的购买欲。

因此，一些主播经常在直播标题中直接使用"限时优惠"来吸引用户进入直播间观看直播，或者在直播间内用"前××小时全场××折"来显示优惠活动的稀缺性，促使用户打消犹豫，下单购买产品。

7.2.4 刺激用户下单的注意事项

主播在直播过程中，需要全程营造一种紧迫感来激发用户的购物欲望，让用户快速下单。但是，主播所用的促单手段并不一定能够达到很好的促单效果，因此，主播了解了一些促成用户下单的手段之后，还需要了解一些促单的注意事项，学会利用促单手段反复刺激用户的痛点，促使用户下单，尽量不要给用户考虑的时间。

1．反复刺激目标用户的痛点

主播在刺激用户下单时，要保证所用的促单手段能够戳中用户的痛点。因此，主播在向用户推销一款产品前，要对产品所面向的目标人群的痛点有所了解，以便在推销产品时，能够准确地刺激目标用户的痛点。例如，主播需要了解这些目标用户需要的产品是什么，他（她）们的痛点在哪里，自己要如何用产品帮助用户解决痛点等，提前做好调研。

以销售服装的主播为例，由于用户的肤色以及体型不同，穿同一款服装所呈现出来的穿着效果也会不同。因此，主播在试穿服装时，一般会告诉用户这款服装适合什么肤色、什么体型的用户穿，并且主播会通过反复强调这一点来给用户心理暗示，刺激用户的痛点，让用户觉得自己需要这一款服装。

2．尽量不给用户考虑的时间

用户考虑的时间越长，其中的不可控因素就越多。这也是主播在推销产品时，看到很多用户都表达了购买意愿，但真正下单的用户并不多的原因。因此，主播在介绍产品的过程中，一旦刺激到用户的购买欲之后，就要把握住较佳的促单时机，引导用户在购买欲望较强烈的时候下单，尽量不给用户考虑的时间。

7.3 借用提高销量的促销法则

主播要想在直播带货行业中长远发展，还需要了解各种能够提高产品销量的促销法则。下面笔者介绍一些常用的促销法则，为主播做促销活动时提供借鉴。

7.3.1 以纪念式促销开展活动

纪念式促销是指主播借用纪念日、节假日开展各种促销活动，为用户的购物制造理由，从而达到销售产品目的的行为。一般来说，用户在节假日、纪念日的购买需求是比较旺盛的，所以主播在这些重要的日子里展开促销活动，或者制定特定的购物周期，可以有效地激发用户的购买欲望，从而提高产品的销量。

1．在纪念日做促销

主播在周年庆或者在用户生日期间赠送福利是较为常见的纪念日促销手段。一般来说，主播在周年庆当天做促销活动，可以给用户一种产品优惠力度大，错过了就买不到的感觉。而主播在用户生日当天为其发放福利，可以让用户感觉自己被重视，从而让用户有不一样的消费体验。

对铁杆粉丝来说，主播的重视可以使他（她）们持续迸发出购物的热情，所以主播更要用心维护这些铁杆粉丝，让这些粉丝继续留在自己的私域流量池内。例如，主播可以确定一个粉丝回馈日，以回馈粉丝的方式来做纪念式的促销。除此之外，一些主播还会设置会员日，在会员日内做促销活动。但主播在做纪念式促销时，需要注意以下3点。

1）提前做好活动预热

纪念日促销具有时效性，优惠的时间一般不能太长，否则用户将会感受不到促销活动带来的紧迫感。因此，主播在促销开始前的一个星期，就要做好活动预热。主播可以在直播间提前告知用户纪念日的促销活动，或者在直播间内设置一个提示，告诉用户纪念日的时间以及优惠的力度。

2）提前做好活动准备

在做纪念式促销前，主播除了提前做好直播预热以外，还要做好活动准备，提前准备好需要发放的优惠券和赠品。

3）赠品要有创意性

主播在做纪念式促销时，赠送具有特色创意的礼品更能体现出对用户以及粉丝的用心。例如，主播可以定制带有自己个人特色的礼品，这样不仅能顺势推广自己的直播间，还能显示礼品的稀缺性，有效地刺激用户购买产品的欲望。

2．在节假日做促销

一般来说，用户在节假日的购买需求比较强烈，例如许多用户会在过年时购买年货，在情人节时为另一半买礼物等。此时，如果主播在直播间内举办促销活动，只要促销的方式得当，就很有可能刺激用户的购买欲望，从而提高产品的销量。如图7-7所示，部分主播在元旦假日期间所做的新年促销活动。

图7-7　部分主播在元旦期间做新年促销活动

3．设置特定促销周期

一般来说，大多数用户在购买产品时，是比较倾向于购买有折扣的商品的。而主播做纪念日、节假日促销活动的频次一般不高，所以一些主播除了做纪念日、节假日促销以外，还会制定特定的促销周期，例如开展"每周上新""每周日全场九折"等促销活动来满足用户追求优惠的心理。

直播带货从新手到高手

需要注意的是，主播进行周期促销时，需要提前推荐新品、打造爆品，才能吸引到用户对促销活动的关注。那么，主播要如何打造爆品呢？具体来说，主播需要掌握以下 3 个方法，如图 7-8 所示。

当主播确定好爆款产品之后，就需要在周期促销活动前进行直播预热了。一般来说，一些主播会在微淘提前发布每周直播促销所需要推出的爆品，并告诉用户直播的时间，与用户保持黏性，如图 7-9 所示。

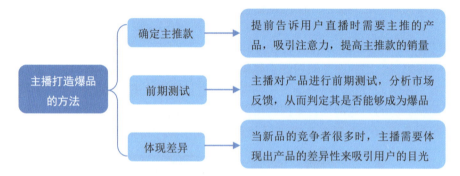

图 7-8　主播打造爆品的方法

图 7-9　主播在微淘提前发布每周直播所推出的爆品

7.3.2　借势促销提供购物理由

借势促销是指主播借助时事或主题来做促销活动，从而引导用户购买产品的一种促销方式。借势促销的好处就是可以帮助主播用更低的成本达到更好的促销效果。下面笔者介绍两个借势促销的具体手段。

1. 借助时事热点促销

主播在直播带货时，可以运用时事热点作为促销理由进行产品促销。例如，主播可以挑选娱乐类或行业类的时事热点来做一些促销活动。

1）将娱乐热点与促销相结合

一般来说，娱乐八卦以及明星趣事是许多用户所关注的热点，主播将娱乐类的热点为促销的理由可以给主播带来更多流量。需要注意的是，主播在利用娱乐热点进行促销时，需要注意两点，如图7-10所示。

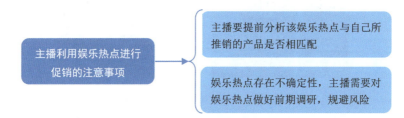

图7-10 主播利用娱乐热点进行促销的注意事项

2）将行业热点与促销相结合

利用行业热点进行促销活动是许多商家与品牌常用的促销手段，例如京东的"618"购物节，天猫的"双十一"以及淘宝的"双十二"等都是电商行业的热点。每当到电商行业的购物节时，一些平台上的主播和商家就会借机做促销活动，营造购物的氛围，吸引用户购买产品。

2. 借助主题进行促销

一般来说，在节假日或电商平台的购物节期间，是各主播或商家实现产品销量暴涨的好时机。各主播也会在这个时间段做各种各样的主题活动，目的是通过促销来吸引用户购买产品，提升产品的销量。

不过，部分主播也会自己策划一些主题活动来吸引用户的注意力。例如，某明星入驻淘宝直播进行直播带货时，他的第一场直播的观众仅有25个，在直播初期，他的直播间的流量曾一度处于低迷状态，后来他策划了一场以"穷人狂欢节"为主题的促销活动，并把这个主题活动定在了每个月的最后一天。这场主题活动为他带来了不少流量，如今他已经成为淘宝的头部主播，却仍然坚持每月都做这一个主题活动。在第九届"穷人狂欢节"主题活动中，他的直播间观看量直接突破了300万。如图7-11所示，为该明星主播所做的第九届"穷人狂欢节"

主题促销活动的直播间。

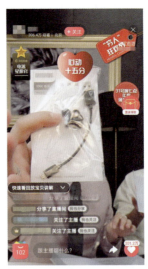

图 7-11　某明星主播的"穷人狂欢节"主题促销活动的直播间

需要注意的是，由于这些主题促销活动的内容是由主播或直播团队自行策划的，所以促销活动的效果与主播的选品以及主播在直播间中的表现息息相关，这就要求主播在进行主题促销时，需要做到以下 3 个方面，如图 7-12 所示。

```
                              ┌─ 选择质量优良、种类丰富、性价比高
                              │  以及与用户生活息息相关的产品
                              │
主播进行主题促销时需要 ───────┼─ 直播时多与用户互动，提高用户停留
做到的 3 个方面               │  在直播间内观看直播的概率
                              │
                              └─ 坚持定期举办同一主题促销活动，让
                                 该主题促销活动成为直播间的特色
```

图 7-12　主播进行主题促销时需要做到的 3 个方面

7.3.3　时令促销清理产品库存

时令促销是指主播根据时令变化所制定的促销活动。例如，主播在直播间做反季清仓、当季清仓等促销活动，或者做一些季节性产品的秒杀、上新活动等。如图 7-13 所示，为主播利用冬季新品秒杀以及冬季上新的时令促销噱头吸引用户进入直播间购买产品。

一般来说，以清仓为由甩卖产品可以吸引大量用户的注意力。正因为如此，一些主播或商家在进行时令促销时，通常以反季清仓以及当季清仓这两种促销方式为主。下面笔者就对反季清仓、当季清仓这两种促销方式做出解析。

图 7-13　主播利用时令促销噱头吸引用户进入直播间

1．反季清仓

反季清仓是指主播通过促销反季产品刺激用户的购买欲望，实现产品销售的目的的一种促销方式。因为不是所有的产品都适合这种促销模式，所以通常销售服装的主播会利用这种促销方式来销售产品。例如，主播在夏季时，会采用反季清仓的方式来销售毛衣、羽绒服等，清理积压的库存。不过，主播在进行反季清仓时，需要注意以下 3 个问题，如图 7-14 所示。

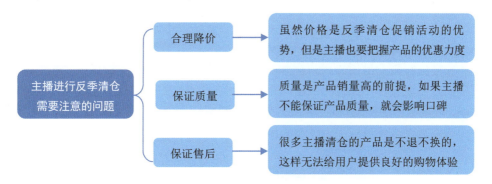

图 7-14　主播进行反季清仓需要注意的问题

2. 当季清仓

以销售服装的主播为例，当冬天快要过去，春天还没有来临时，对于冬季的衣服，主播便会采取当季清仓的促销手段来清理库存，这样不仅可以为初春的新款服装留出仓储空间，还可以为自己回笼部分资金。

7.3.4 以限定式促销营造氛围

限定式促销是指主播通过限制产品的数量、价格的优惠力度以及优惠时间，促使用户尽快做出购买决策的促销方式。例如，"在直播间内下单的前100位用户可以享受9折折扣"以及"开播后两小时内下单购买产品，立减50元"都是限定式促销的手段。主播在做限定式促销时，可以从限量、限时两个方面展开。

1. 限量促销

限量促销是指主播进行直播带货时，通过制造产品的稀缺性来突出产品的价值，激发用户购买热情的促销方式。例如，主播在销售一款饰品时，在讲解了饰品的外形设计和材质后，便利用"限量出售500件"的话术来营造紧迫的购物氛围，让用户了解到产品的数量有限，从而刺激用户的购物欲望。

2. 限时促销

限时促销是指主播在特定时间降低产品价格并销售产品的一种促销方式。例如，"今日特价""两小时内下单立享9折优惠"等都是典型的限时促销。主播在利用限时促销时，只要适当地加大优惠力度，就可以有效地激发用户的购买欲。

由于限时促销活动的时间较短促，所以主播在进行限时促销前，一定要做好活动准备。例如，主播需要明确限时促销的产品、促销的时间以及促销的具体方式，还要在充分利用直播平台以及社交平台或其他平台做好宣传工作，让更多的用户知道这个促销活动，并引导用户参与到活动中。

7.4 激发购买欲望的福利营销

主播进行直播带货的目的是为了销售产品，所以主播为了提高产品的销量，需要全方位激发用户的购买欲望。而要做到这一点，主播只有开展各种福利营销活动，才能吸引更多用户购买产品。本节笔者将从3个方面介绍福利营销的技巧。

7.4.1 围绕产品发放福利

主播围绕产品发放福利不仅可以有效地刺激用户购买产品，还能推广自己的直播间，为直播间吸引更多新用户。具体来说，主播可以通过发放优惠券、"买一送一""买一送多"以及满减优惠的方式来给用户发放福利。

1. 发放优惠券

一般来说，主播在销售产品种类单一且单价较高的产品时，发放优惠券是有效刺激用户下单的福利营销方式。例如，主播在介绍一款单价较高的护肤品时，就可以向用户发放优惠券，并且告诉用户邀请一位朋友观看直播，还可以获得额外的优惠券，通过这种发放优惠券的方式，主播不仅可以激起用户的购买热情，还可以促使用户为自己的直播间带来更多观看直播的用户。

发放优惠券的成本一般较低，而且吸引到的用户较精准。主播介绍完产品的优势和卖点之后，如果用户对主播所推荐的产品比较满意，主播就可以发放一些优惠券，将用户的购物欲望转化为下单的行为。

需要注意的是，为了加强优惠券的吸引力，主播需要给优惠券设置一些使用的规则。例如，一些主播会设置优惠券的使用期限，促使用户尽快下单购买产品，如图7-15所示。

图7-15 主播设置优惠券的使用期限促使用户尽快下单

2."买一送一"或"买一送多"

很多主播在直播间销售产品时，会利用"买一送一"或者"买一送多"的方式来销售产品，这就是一种典型的围绕产品进行福利营销的方式。

直播带货从新手到高手

产品"买一送一"或"买一送多"并不意味着主播所赠送的产品必须要与用户购买的产品相同,因为主播赠送的可能是其他产品。如图7-16所示,为主播利用"买一送一"的福利营销方式来吸引用户下单购买产品。

图7-16　主播利用"买一送一"来吸引用户下单

主播通过"买一送一"或"买一送多"的福利营销方式,可以让用户花费更少的钱买到多件产品,极大地激发出用户的购买热情。不仅如此,主播利用"买一送一"和"买一送多"的方式来销售产品,还有以下3个好处,如图7-17所示。

主播利用"买一送一""买一送多"销售产品的好处	可以让用户了解到主播推销的更多产品,主播也能借机挖掘到更多用户的潜在需求
	能够实现品牌推广,扩大品牌的知名度,拉近品牌与用户之间的距离
	可以拓宽营销渠道,有效地推广新产品,让品牌的其他产品获得更多的曝光机会

图7-17　主播利用"买一送一""买一送多"的好处

3．满减优惠

主播除了以优惠券以及"买一送一"或"买一送多"的方式发放福利以外,还可以用满减优惠的形式来发放福利。满减优惠是指用户在直播间内购买产品,消费的金额达到主播规定的一定金额后，就可以获得一些优惠福利。例如，用户在直播间内消费金额"满 200 减 20 元""满 300 减 50 元"等。

主播利用满减优惠进行福利营销时，可以在直播间内多上架一些可以配套的产品，这样可以激发用户拼单的欲望。如图 7-18 所示，为部分主播利用满减优惠的方式发放福利，促使用户下单购买产品。

图 7-18 主播利用满减优惠发放福利

7.4.2 以抽奖为营销手段

大多数用户购买产品时，都有追求优惠的心理，所以主播在进行直播带货时，会通过多种方法给予用户优惠，抽奖便是许多进行福利营销的重要手段。

需要注意的是，不同主播直播间的抽奖方式不同，对用户所起到的作用也不同，主播要如何利用抽奖来有效地吸引到用户呢？具体来说，主播可以掌握以下 4 种抽奖方法。

1. 定期抽奖

用户在直播间内停留的时间越长，消费的可能性就越大，所以主播在直播过程中要想办法让用户留下来。面对这种情况，主播可以利用定期抽奖来让用户对直播有所期待，吸引用户停留在直播间内。不过，抽奖活动并不是主播单纯地将奖品送给用户，还要保证抽奖活动有足够的吸引力。具体来说，主播在做抽奖活动时，需要注意以下 3 个方面。

1）让更多用户了解定期抽奖活动

主播在开播前，需要让更多的用户了解自己所要做的抽奖活动，并让用户提前了解抽奖活动的规则。所以主播可以提前在直播平台、微博或社群内发布有关抽奖活动的信息，从而让更多的用户对抽奖活动抱有期待。

2）多用不确定因素作为中奖条件

对于主播来说，如果抽奖活动能够引起用户的好奇心，那么这个抽奖活动就成功了一半。所以，主播除了在直播间内表明抽奖活动的规则和具体的时间以外，还可以多用一些不确定因素作为抽奖的条件。

例如，某淘宝主播直播时，就以"直播间内每新增200关注就可以抽奖"作为抽奖条件，如图7-19所示。

图7-19　某淘宝主播直播间内抽奖活动的抽奖条件

3）抽奖前要注意活跃直播氛围

主播在直播过程中，应该随时把握住直播的节奏。在抽奖前，主播要先把直播间内的氛围活跃起来，这样可以让更多用户参与到抽奖活动中。

除此之外，主播在设置抽奖活动时，不一定要设置价值很高的产品作为赠品，而是可以增加抽奖的次数，这样也能够起到刺激用户下单的作用。

2．互动问答抽免单

主播设置互动问答，让用户有抽免单的机会，在一定程度上满足了用户的娱乐需求，也满足了用户的优惠需求。不仅如此，主播通过互动问答抽免单的抽奖方式，还可以带来以下3种好处。

1）加深用户对产品的印象

一般来说，许多主播介绍产品的方法大同小异，如果主播的直播方式给用户的印象不够深刻，或者主播直播的内容没有抓住用户的注意力，那么用户就很难对其销售的产品产生深刻印象。而通过互动问答的抽奖方式，主播可以吸引用户参与到自己的直播中，从而加深用户对产品的印象。

2）增强与用户间的互动

互动问答形式的抽奖活动能够增强主播与用户之间的互动，拉近了主播与用户之间的距离，这让用户在答题抽奖的过程中，感受到了观看直播的乐趣。

3）达到销售产品的目的

互动问答环节是主播输出产品卖点的好时机，一般来说，大多数用户在互动问答抽奖环节的警惕性较低，所以主播说服用户下单的机会更大。

3．随机抽奖

随机抽奖是许多主播都在使用的一种抽奖方式，它可以给用户带来更多的参与感与满足感。例如，某淘宝的顶流女主播就经常使用随机抽奖的方式来活跃直播氛围，用户进入她的直播间观看直播时，每隔一段时间便可以参与一次随机抽奖，并且该主播直播间内的奖品丰厚，极大地调动了用户参与抽奖的热情。如图 7-20 所示，为该主播直播间内抽奖活动的奖品。

图 7-20　某淘宝主播直播间内抽奖活动的奖品

4．以自用产品为奖品

对于已经有一定粉丝规模的主播来说，在向用户推销产品时，可以将自用的产品作为奖品赠送给粉丝，这样不仅可以有效地激发粉丝的购买热情，还可以增强粉丝的黏性。

一般来说，主播自用过的产品会给用户一种质量有保障的感觉，这也是大多数主播在推销产品时，会先试用产品的原因。因此，主播在直播过程中，以自用的产品为奖品吸引粉丝参与抽奖是一个不错的方法。

7.4.3 用抢红包活跃气氛

主播在直播过程中，除了围绕产品发放福利、利用抽奖进行福利营销之外，还可以利用抢红包的方式来活跃直播间的气氛，提升带货效果。图 7-21 所示，为主播利用红包进行福利营销，活跃直播氛围。

图 7-21 主播利用抢红包活跃直播间的气氛

一般来说，主播在直播间内发放红包是为了提升直播间内的人气，从而间接地进行福利营销。对于新人主播来说，不管是利用哪种福利营销来销售产品，单纯地依赖发放福利或抽奖不一定就能提高直播间的观看量。因此，主播在直播前期以及后期，可以适当地利用红包来进行利益引导，积累用户的观看量，然后再围绕产品发放福利，发起抽奖活动。

第8章
实现二次变现的运营手段

学前提示

一般来说，新人主播在人气不高的情况下，很难让现有的粉丝为自己再次创造效益。面对这种情况，主播要掌握一些运营手段，扩大粉丝群体，加强粉丝的忠诚度，并实现变现。本章笔者将从打造私域流量池、加强粉丝忠诚度以及建立粉丝社群这3个方面探讨如何实现粉丝的二次变现。

8.1 打造高黏性的私域流量池

在直播的时候，我们需要利用私域流量汇聚粉丝，并充分发挥粉丝的力量，创作经济效益。本节笔者分 4 步来介绍打造私域流量池的方法，帮助主播提高用户的黏性。

8.1.1 利用私域流量汇聚粉丝

本小节笔者要和大家分享一下未来商业的红利——私域流量池。很多时候，我们去做平台运营，更多的只是在做平台的运营，而没有把用户给留下来。

这种做法有一个很大的弊端，比如开淘宝店，运营了一段时间之后，你的产品销量越来越高了，但是突然有一天，你的店被封了，或者现在平台不给你流量了，又或者你不再花钱去买流量了，那你以前积累起来的那些用户就都流失掉了。

而私域流量池具有私密性的特点，因为用户在你这里观察到的内容，无法从其他平台找到相同的内容替代，所以私域流量池的私密性对于成交是非常有利的。但主播在打造私域流量池的时候，要注意以下 4 点。

1）私域流量池要有价值点

例如，你每天在朋友圈里分享一些直播的操作方式、直播的内容以及引流的干货，那么你朋友圈的内容对很多做直播运营的人来说都是有价值的。这样，你就能渐渐地把这些人留在了你的私域流量池内，很多人将越来越离不开你，他们会越来越希望你能够持续输出更多有价值的内容。

2）找到产品的核心卖点

不管直播卖哪种产品，你都需要找到产品的卖点。只要你的产品核心卖点能够打动客户，就能增强自己的说服力，与用户快速成交，甚至还能直接让用户成为你的私有流量。

3）主播的个人魅力

个人魅力对于主播来说很重要，同样是做直播带货的，为什么有些主播卖的产品价格比你的还高，他却能把产品卖出去，而你的产品价格低却卖不出去呢？这是因为那些主播的个人魅力能够吸引到用户。

所以，在进行直播带货时，主播一定要了解自己的个人魅力，并借助个人魅力实现引流变现。例如，你有某方面的兴趣爱好，那么和你有同样兴趣爱好的人，就很容易被吸引。

4）做好用户的管理

微信是一个很适合做用户管理的社交平台。利用微信，主播除了可以随时与普通用户沟通之外，还可以组建自己的粉丝群。在社群内，主播不仅可以与粉丝互动，还可以发布一些产品上新的信息以及主播直播的预告，从而吸引粉丝进行二次消费。

因此，对于主播来说，在维护用户关系时，要注意持续向用户输出有价值的内容，把用户留住；在向用户推荐产品时，注意突出产品的卖点，实现快速成交；与用户沟通时，注意宣扬主播的个人魅力，加深用户印象。此外，主播还要注意利用社交软件做好用户管理。例如，组建 VIP 社群，或者加用户的微信，对用户进行标签化管理。

8.1.2　吸引公域流量获得曝光

私域流量带来的粉丝总归是有限的，与私域流量相比，公域流量能给主播和商家带来更多的曝光机会。所以，主播除了可以利用私域流量获得精准粉丝之外，还可以利用公域流量进行拉新来打造私域流量池。

以淘宝平台为例，为了优化用户观看直播时的消费体验，也为了让主播的优质内容覆盖更多的流量场景，淘宝平台上线了许多可以吸引公域流量的模块。其中，淘宝的"直播看点"功能就给所有的店铺主播和达人主播提供了很好的曝光机会。本小节笔者将向大家介绍利用"直播看点"吸引公域流量的相关内容。

1．直播看点的功能

直播看点的功能作用有两方面，具体如下。

（1）主播在直播过程中，在讲解宝贝的卖点之前，需要在中控台上点击该宝贝的"标记看点"按钮。而淘宝则会根据主播的操作，生成"直播看点"内容，将主播讲解产品的过程保存下来。

（2）主播设置"直播看点"的功能之后，用户在观看直播时，便可以根据自己的喜好自由地切换至想看的宝贝点击"看讲解"按钮，快速查看主播讲解该产品的直播内容，这在很大程度上提升了用户的观看体验感，如图 8-1 所示。

2．直播看点的好处

了解了"直播看点"的功能之后，下面笔者给大家分析一下主播以及用户使用直播看点的好处，如图 8-2 所示。

除此之外，淘宝平台上的"微淘"以及淘宝直播 App 平台上的"视频"也是吸引公域流量的重要模块，主播把平台上的模块利用起来，很有可能会实现流量暴涨。

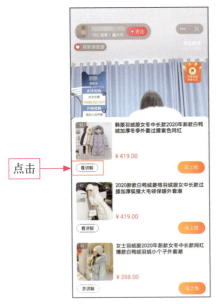

图 8-1 用户点击"看讲解"按钮观看主播讲解产品的内容

使用直播看点的好处：
- 会被平台推荐到所见即所得模块和主页搜索渠道，获得更多的曝光
- 在后续推出的营销活动中，其直播间售卖的宝贝有可能会优先展示
- 给用户带来更好的体验，提高成交转化率，为主播带来更多收益

图 8-2 使用直播看点的好处

8.1.3 将用户转化为直播粉丝

私域流量更注重的是用户的转化，在直播带货时，我们的用户可能来自多个不同的平台，所以我们要做的就是把这些平台上的流量都引导到微信中，然后再进行转化和维护。

当主播在直播时，会吸引到很多新的用户点击观看直播。这时，主播要做的就是尽可能地留住这些用户，将他们转化为自己的粉丝。主播的粉丝越多，流量越多，收益也就越多。所以，主播要多与用户互动，增加用户对自己的信任和感情，可以从两个角度来吸引用户：一是个人的三观和价值导向，二是人格魅力。

那么，主播要如何将用户转化为粉丝呢？具体来说，主播可以在多个平台上宣传自己，例如利用抖音、快手和微博等平台宣传自己，吸引用户添加自己的微信，将用户吸引到私域流量池中。不过，主播在多个平台宣传自己时，需要注意以下3点。

（1）不要夸大宣传。
（2）保证内容质量。
（3）保证信息真实可靠。

8.1.4 沉淀粉丝实现可持续变现

粉丝沉淀的实质是做好用户的维护，一般来说，我们在直播平台上或者电商平台上是很难实现二次成交的。很多用户买了你的产品后，下次可能就不在你这里买了。

但是如果我们把这些用户导入到我们的私域流量池中，那么我们的产品上新以及模式更新等一切消息都会通知到用户，一旦用户对我们的产品有印象，转化的难度很可能就会被降低。

在私域流量池中对用户进行转化，是很容易促成二次交易甚至多次交易的，这样有利于实现粉丝的可持续变现，从而将粉丝转化为经济效益。主播或运营者可以创建社群，将粉丝拉进群中，通过与粉丝的互动，有效地增强粉丝的黏性，为转化做铺垫。

8.2 加强粉丝忠诚度的运营方法

当主播成功地打造了私域流量池，积累了一定数量的粉丝之后，巩固这些粉丝、加强粉丝的忠诚度就是主播接下来要做的重要工作了。接下来笔者将从7个方面详细分析如何加强粉丝的忠诚度。

8.2.1 打造独特人设吸引粉丝

每天都有无数主播加入到直播带货行业中，用户在直播平台中可以看见各种风格的主播。因此，要成为一名有个人特色、有知名度的主播，也变得越来越困难了。

本小节笔者将通过对"人设"的相关内容进行讲解，帮助主播们利用"人设"来增加个人魅力，从而增加直播的记忆点和话题性，用独特的人设吸引粉丝。

1. 人设的定义及发展

人设，即对人物形象的设定。"人设"起初是出现在动漫、漫画和影视中的专业词汇，是一种给特定对象设定其人物性格、外在形象或造型特征的表述。

在日常生活和人际交往中，"人设"已经渗入到每一个人的行为举止当中，只是普通人的人设比较接地气，更具大众性。即便如此，每个人也能突出自己的特点，形成自己的特色，从而形成自己的标签，获得他人的关注。

随着"人设"这个词汇开始不断地出现在公众视线内，在日常生活中，人设的传播效果在一定程度上已经开始影响现实中的人际交往关系。那么，在竞争激烈的带货直播行业中，作为众多带货主播的一员，主播要想让粉丝记住自己，就要打造一个辨识度高、有记忆点的人设，才能吸引更多粉丝的注意，获得更多流量。

目前，"人设"已经是一种常见的包装、营销手段，在娱乐圈中，许多艺人都贴上了某一种或多种人设标签。例如，某女明星的"高情商""温柔"人设；某歌手的"音乐天才"人设等。

那些和实际情况相符合的人设，让艺人们更具有识别度和认知度，能够不断地加深他们的形象风格，扩大他们的影响力。当然，演艺圈里的艺人更多的还是根据观众的需要，主动去贴合观众和粉丝的喜好，从而创造出某种人设。这是因为艺人们可以通过创造人设丰富自己的形象，让观众对其产生深刻的印象，从而保证自己拥有一定的流量。

而主播们在某种程度上和明星艺人有一些相似之处，他们都是粉丝簇拥的公众人物，都需要粉丝的关注和追随，以便更好地展现出自己的形象，增强自己的影响力。这也表明，想要在直播行业中发展得更好，主播也是需要树立自己的"人设"的。因为只有通过准确的人物设定，才能让用户来发现、了解你，让你从众多主播中脱颖而出。

和那些有独特人设标签的主播相比，一些没有树立起鲜明人设的主播就会显得缺乏记忆点。这就是为什么在直播间里，能创造出高销售额的主播不止一个，但是大家能说出其名字的，却往往只有几个比较有个人特色的主播。

2. 人设的作用

通过依靠设定好的人物性格、特征，也就是"卖人设"，可以迅速吸引更多的潜在用户关注你。毕竟粉丝就是经济力，通过塑造出迎合大众的人设，把自己的人设形象维持住，就能带来一定的收益。

就像在娱乐圈中，明星艺人没有点人设，是很难在圈子里发展的。几乎所有人都在积极地塑造自己的人设，当大家提到某一个明星的时候，总会在脑海里出现其对应的人设标签。

甚至，越来越多的品牌也开始不断地树立、巩固和加强自身的形象，给品牌贴上标签，这不仅能使品牌的知名度大幅度增长，勾起无数粉丝的购买欲望，还能让粉丝自发地去对品牌进行二次传播和推广。

例如，某国产手机品牌的"高性价比"标签、某酒类品牌的"文艺"标签，都吸引了许多粉丝的关注，其对应的品牌也获得了快速传播。

明星艺人和品牌打造人设标签的最终目的，就是希望观众和粉丝可以对他们或他们的产品产生更深刻的印象，从而获得更多的关注度。

总而言之，不管是人物的"人设"，还是品牌的"人设"（即品牌的标签），其打造的原因和目的都是一样的，对于主播来说也是如此，拥有鲜明的"人设"，就可以更好地展示个人形象。

3．人设的经营

对于主播来说，不仅仅要确定好自己的人设，更要学会如何去经营人设，这样才可以保证自身树立的人设，能够得到广泛的传播，达到自己想要的效果。

"人设"的经营是一项需要用心去做的事情，只有这样，才能使自己的"人设"成功树立起来。具体来说，主播可以从4个方面做好人设的经营，具体如下。

1）选择符合本身性格、气质的人设

主播应该根据自己的实际情况来挑选和塑造人设，这样才能起到较好的传播效果。如果人设和自身的真实性格差别较大，就很容易导致传播效果出现偏离。此外，树立的人设和自己的性格如果相差太大，也容易出现人设崩塌的情况。

2）根据自身人设采取实际行动

实际行动永远比口头上说一百次的效果更有力，主播向外界树立起自己的人设后，要根据自身人设采取实际行动，这样才能让粉丝更信任自己，这也是人设经营中的基础和关键之处。

3）根据他人的反馈及时调整

树立人设后，主播可以了解身边的工作人员和朋友对自身"人设"的反应。这样主播就可以及时地对自身人设进行一些合理的改进和调整，更新人设形象，使它更加符合用户的预期。

4）开发、树立多方面的人设

单一的人设虽然安全，在经营上也比较轻松，但是可能会使得人物形象过于单调、片面。毕竟人的性格本身就是多样化的，开发、树立多面的人物设定，可以让人物的形象更加饱满，使自人物的形象更有真实感。

此外，不同的人设可以吸引不同属性的粉丝，也可以满足粉丝的好奇心和探究欲，让他们更加想了解你。

这种多方面的人物设定，有利于增加自身形象的深度，也能维护粉丝对主播形象的新鲜感。例如，人物角色的两种反差设定，可以使人物形象更加丰富、立体，从而使自己的形象更加出色。

但需要注意的是，主播在树立多种人设形象时，这些人设的风格、类型不要相差太大，否则"人设"和"人设"之间就会显得自相矛盾，不够真实。

4．人设的影响

第一印象这个词汇大家都不陌生，大家常常说的话就是：当时对某某的第一印象怎么样，后来发现怎么样。像一些成语里的"第一印象"就起着关键作用，例如，"一见如故""一见钟情"，它们都是在"第一印象"的作用下产生的一系列行为和心理反应。

在人设运营中，"第一印象"起着重要作用。下文向大家介绍一些关于"第一印象"的知识，从而帮助主播树立起良好的个人形象。

第一印象是光圈效应的铺垫，同时也是运营人设过程中的一个重要环节，它的重要性可见一斑。而非常幸运的是，第一印象是能够人为经营和设计的。这表示，主播可以通过人为制定自己的内外形象、风格，重新改变自己给他人带来的第一印象，从而塑造出成功的"人设"形象。

第一印象的形成，对于之后在人际交流中获得的信息有着一定的固定作用。这是因为人们总是愿意以第一印象作为基础，然后在这个基础上，去看待、判断之后接受的一系列信息，这种行为会让人产生固定印象。

例如，某女演员演绎了电视剧里白娘子的角色之后，温柔、优雅和善良便成为人们对她的固定印象；通过《还珠格格》一炮而红的演员，即便已经过了十几年，大部分人对于他们的形象，都还保持着固定的感受和记忆。

5．人设的打造

由于大部分粉丝没有在现实中接触过主播，对主播的印象基本处于一个模糊状态。所以，主播个人所表现出的形象、气质，完全可以通过人设的经营来吸引粉丝。例如，主播可以通过改变自己的发型与穿搭，塑造出和原先不同的视觉效果，使用户对你的形象产生新的记忆，从而更好地进行人设调整。

不仅如此，在人际交往中，我们通过利用主观和客观的信息来塑造人设，也可以达到预期的传播效果。所以，学会打造出独特的人设，可以使主播拥有与众不同的特点，让主播在人群中脱颖而出。此外，对外输出效果的好坏，会直接决定人设经营是否成功。下面笔者就来介绍打造独特人设的基本方法。

1）确定合适的人设类型

人设塑造的直接目的就是吸引目标用户和粉丝的注意，确定自己的人设类型是否合适，关键需要考虑的就是该人设是否满足了自身所面向的用户以及粉丝的需求。

人设可以迎合用户以及粉丝的怡情心理，从而增强用户以及粉丝对人设的认同感，这样才可以让用户愿意去了解、关注主播。所以，在人设塑造过程中，确定好人设的类型是一个关键。对于主播来说，确定合适的人设可以快速引起用户和粉丝的兴趣，刺激用户和粉丝持续关注直播内容。

例如，淘宝平台上，一些销售美妆产品以及护肤产品主播会给自己打造"化妆师""美容师"的人设，并利用直播标题突出人设来吸引粉丝，如图8-3所示。

图8-3 主播给自己打造"化妆师""美容师"人设

需要格外注意的是，主播在塑造自己的人设时，要以自身的性格为核心，再向四周深化，这样便于之后的人设经营，同时也能增加粉丝对于人设的信任度。确定好人设类型后，主播可以进一步考虑自己的人设是否足够独特或者有辨识度，然后不断进行改进。

对于想从事直播带货的新人主播来说，前面已经有一批成熟的销售主播，想要从中脱颖而出，是需要耗费一定的精力和时间的。因此，新人主播可以考虑在那些还没有人使用的人设类型里，找到适合自己的人设标签。在打造人设时，主播要注意人设与自己的实际情况不能相差太远，不能弄虚作假，否则就很有可能出现人设崩塌的情况。

2）对标红人找到精准人设

人格魅力的产生，在很大程度上是源于粉丝对主播的外貌、穿衣打扮的一个固有印象，以及主播在直播间表现的性格。一个精准的人设，可以更好地拓展直播内容的受众面，吸引感兴趣的粉丝。

精准的人设，是可以让粉丝凭借一句话想到具体的人物。而主播要做的就是通过精准的人设，让自己成为这类人设标签里的红人。

3）设定标签增加直播搜索度

一个人一旦有了一定的影响力就会被所关注的人贴上一些标签，这些标签可以组合成一个虚拟的"人"。当提到某个标签时，许多人可能会想到一些东西，这并非只是想到一个单纯的名字，而是某人带给他们的印象或标签，例如严谨、活泼、可爱和高冷等标签。

主播也可以试着把这些人设标签体现在账号名称或直播标题中。这样，一旦有人在直播搜索栏中搜索相关的标签，就有可能搜索到自己的直播账号或直播间。如图8-4所示，为在"淘宝直播"中搜索"小个子穿搭"及"微胖穿搭"的结果。

图8-4　在"淘宝直播"中搜索"小个子穿搭""微胖穿搭"的结果

8.2.2　发挥语言魅力征服粉丝

语言在一定程度上能够体现出一个人的魅力，因为主播在直播带货时是通过视频和语言向粉丝传递信息的，所以利用语言魅力吸引粉丝是有效的方式之一。下面笔者向大家介绍3个发挥语言魅力吸引粉丝的方法。

1．巧用情感慰藉

对于大多数观看直播进行购物的粉丝来说，他（她）们往往是很喜欢互相分享或交流的，当主播想要提高这一部分粉丝的忠诚度时，就可以以引起粉丝共鸣为出发点，用提建议的口吻向用户推荐产品。

例如，人称"口红一哥"的某主播在向用户推销口红时，就经常使用这种方法来引起粉丝的共鸣。他在镜头前亲自试用口红后，通常会给粉丝一个购买建议，如果口红的色号不好看，他就会建议粉丝谨慎购买。正是通过这种方式，该主播与他的粉丝建立了紧密的情感连接，粉丝也就更喜欢到他的直播间观看直播了。

2．巧用专业术语

由于主播在直播时的语言在一定程度上能够反映出自身的专业性，所以当主播向粉丝推荐产品时，可以适当地使用一些专业的术语，树立权威的形象。

由于市面上的产品同质化严重，粉丝在面临多种选择的情况下，难免会不知道如何做出正确的购买决策。此时，如果主播向粉丝展示出自身的专业性，从专业的角度分析出产品的卖点，不仅能够吸引粉丝下单购买产品，还能让粉丝更加相信自己。

例如，当主播讲解一款护肤品时，可以介绍产品的组成成分，并告知粉丝这些成分对皮肤能够起到什么作用，在讲解的过程中使用一些专业的术语，增强说服力。

3. 巧用幽默技巧

如今，大部分粉丝观看直播时，不仅有购物的需求，还有娱乐的需求。所以我们可以发现，一些用户之所以喜欢看某个主播的直播，很大原因是该主播的直播很有趣。因此，主播可以利用幽默的技巧给粉丝制造笑点，让自己的直播内容变得更有趣味。

8.2.3 使用福利诱惑维护粉丝

一些粉丝之所以喜欢直播购物，主要是因为他们倾向于购买更便宜的产品。所以，主播要想提高粉丝的忠诚度，可以在直播时多发福利，利用福利的诱惑来维护自己与粉丝之间的感情。

以蘑菇街为例，平台上的一些主播直播时，经常通过发支付红包给予粉丝福利，如图 8-5 所示。另外，平台上有一个"宠粉红包榜"的模块，用户可以在该模块中，看到平台中主播已发红包的总金额的排名情况，如图 8-6 所示。

图 8-5　主播发支付红包给粉丝

图 8-6　蘑菇街平台的"宠粉红包榜"模块

通过这种方式，粉丝观看直播时不仅可以领取主播的红包，还可以从主播发出的红包总金额判断主播的宠粉程度，一旦粉丝觉得主播给出的福利多，就很有可能会持续关注并追随主播。

8.2.4 通过互相关注增强黏性

对于新人主播来说，在粉丝数量不多的情况下，通过互相关注的方式可以有效地增强粉丝与自己的黏性。一般来说，如果用户喜欢某个账号发布的内容，他（她）们为了方便日后查看该账号发布的内容，就可能会关注该账号。因为关注只是用户表达对主播喜爱的一种方式，所以这些用户不会要求主播关注自己。

但是当用户关注了你，成为你的粉丝之后，如果你也关注了他，那么这些粉丝就会觉得自己得到了重视。在这种情况下，那些粉丝自然会更愿意持续关注你的账号，粉丝的黏性自然也就大大增强了。需要注意的是，由于主播的精力有限，不可能顾及全部的粉丝，所以主播需要对粉丝做出筛选，选择关注影响力大、活跃度高的粉丝。

8.2.5 利用互动功能加强交流

主播在直播过程中，利用直播软件的互动功能，可以与其他主播 PK，或者玩一些互动小游戏。如图 8-7 所示，为拼多多和抖音直播间的互动功能。

图 8-7　拼多多和抖音直播间的互动功能

主播提高粉丝的忠诚度，可以通过多互动、交流，与粉丝建立感情来实现。感情需要长时间培养，所以主播需要抓住每一次直播机会。在推荐产品时，主播要与粉丝多交流，加深粉丝对自己的印象，利用直播软件的一些互动功能，让互动过程变得更有趣。

8.2.6 打造个人 IP 链接粉丝

主播进行直播带货时，要加强粉丝忠诚度，还得依靠个人 IP 的影响。IP 是当今互联网营销的一个重要手段和模式，打造个人 IP，对于主播来说，就是把自己当成产品去打造，让自己降低被替代的可能性，从而发挥个人 IP 的价值，持续链接粉丝。

本小节笔者先对 IP 的属性进行详细分析，再总结出一些打造个人 IP 的方法，以供主播提高粉丝忠诚度时能有所借鉴。

1. 把握 IP 的属性

作为一个 IP，无论是人还是事物，都在社交平台上拥有较高的传播率。首先，要打造个人 IP，主播就要把握 IP 的属性，传播的内容要丰富、有价值，能够引起粉丝情感的共鸣，才有大范围传播的可能。具体来说，IP 的属性表现在以下 7 个方面。

1）传播属性较强

一个强大的 IP 必须具备较强的传播属性。只有广泛传播，才能影响到各个方面，从而得到更多的利益回报，这也是主播需要学习的地方。只有在各个不同的平台推广自己，才能打造影响力更强的个人 IP。

2）内容优质有价值

如果一个 IP 想要持续吸引粉丝的注意力，就应该打造优质并且真正有价值的内容。那么内容属性作为 IP 的一个必不可少的属性，究竟包含了哪些特征呢？

以自媒体平台为例，随着时代的发展，平台开始呈现出多样化，从微博到微信公众号，内容生产者的自由度也越来越高，这让他们拥有更多的机会来生产多彩多样、个性十足的内容。

然而，面对如此繁杂的信息内容，粉丝不免有些审美疲劳，那么主播该如何吸引用户的眼球呢？这时就需要内容生产者时刻把握市场的动态，在关注粉丝需求的前提下制造出相应的内容，打造一个强大的 IP。

除此之外，内容属性与年轻群体的追求也是分不开的。一个 IP 是否强大，主要是看塑造出来的内容是否符合年轻人的喜好。总之，成为一个强 IP 不仅内容要有质量，还要无限贴近粉丝的追求，创造的内容要优质、有价值，才能吸引粉丝的目光。

3）情感属性丰富

一个 IP 的情感属性容易引起人们的情感共鸣，能够唤起人们心中相同的情

感经历，并得到广泛认可。主播如果能利用 IP 这种特殊的情感属性，将会转化更多的粉丝帮助自己传播口碑。

4）IP 需要粉丝来孵化

"粉丝"这个名词相信大家都不陌生，那么"粉丝经济"呢？作为互联网营销中的一个热门词汇，它展示了粉丝支撑起来的强大 IP 营销力量。可以说，IP 就是由粉丝孵化而来的，没有粉丝，就没有 IP。

"粉丝经济"不仅为 IP 带来了影响力和推广力，还将粉丝的力量转变为实实在在的利润，即粉丝变现。粉丝不仅能为企业传播和宣传品牌，还能带来流量，为企业的利润赚取做出贡献。

由此可见，要学会经营粉丝，才能成为一个超级 IP。针对这一点，主播可以利用微信社群经营粉丝，帮助店铺扩大影响力，传播口碑。

5）商业前景无限

一个强大的 IP，必定具备一个良好的商业前景。以音乐领域为例，一个原创歌手想要将自己的歌曲打造成一个强 IP，就必须给歌曲赋予商业价值。随着时代的发展，音乐领域的商业价值不仅体现在唱片的实体销售量上，还包括付费下载和在线播放量。只有把握好各方面的条件，才能卖出更多的产品，打造强大的 IP。

除此之外，伴随性也是一个强大的 IP 不可或缺的特征。何谓伴随性？简单地说就是陪伴成长。例如，当你面前有两个价格相等的产品供你选择，其中一个产品是你从小到大都在用的产品，另外一个是你从来没有用过的产品，那么你会选择购买哪一个产品呢？相信大多数人都会选择从小到大都在用的产品，因为那是陪伴他（她）一起成长、承载了成长的点滴和情感的产品。

一个 IP 的伴随性也直接体现了其前景性。如果 IP 伴随着一代又一代人的成长，那么它就会打破时间和空间的限制，制造出无穷无尽的商业价值，历久弥新。

6）内涵属性丰富

一个 IP 的属性除了体现在外部的价值、前景等方面之外，还应注重其内在特有的情怀和内涵，而内涵则包括很多方面。例如，积极的人生意义、引发人们思考的情怀以及植入深刻价值观的内涵等。

因为 IP 最主要的目的是营销，所以，丰富 IP 的内涵属性，使之与品牌自身的观念、价值相契合，才能吸引粉丝的眼球。

需要注意的是，丰富 IP 内涵，需要主播将精力放在内容的制作上，而不是单纯地追求利益。急功近利是打造 IP 的大忌，只有用心，才能让自己投入其中，从而彰显出 IP 的内在价值。

7）故事属性丰富

故事属性是 IP 吸引粉丝关注的关键属性，一个好的 IP，必定是有很强的故事性的。仔细分析每一个强 IP，不难发现，它们都有一个共同点，那就是故事性强。正是这些 IP 背后的故事，引起了用户的兴趣，造成了市场轰动。例如，某国产酒类品牌，就充分发挥了 IP 的故事属性，将故事融入到了产品中，用深入人心的文案为品牌带来了新的活力。

好的故事总是招人喜欢的，在 IP 的这种故事属性中，故事内容的丰富性是重中之重。对于主播来说，如果你有好的故事，就一定能吸引粉丝的兴趣。

2．打造个人 IP 的方法

个人 IP 相当于是个人品牌，主播在维护粉丝的过程中，可以给自己打造一个个人 IP，让自己与粉丝产生链接，建立信任。具体来说，打造个人 IP，可以从以下 6 个方面展开。

1）确定个人定位

打造个人 IP，就要对自己做一个精准的定位，告诉粉丝你是谁、专注于哪一个领域，并持续地把你的定位快速传播。

例如，如果你是销售美妆产品的主播，那么你在直播时，就可以多围绕美妆产品向用户发起话题，分享一些选择美妆产品的技巧；如果你是销售护肤产品的主播，就可以在社交平台上输出有关护肤的知识，再向粉丝种草产品。

2）打造社交圈

对于主播来说，常见的社交圈有朋友圈和社群，打造社交圈，其实就是做内容输出。在朋友圈中，你可以分享生活、输出个人观点或分享产品。在社群中，你可以找到自己的定位，输出价值观、分享生活趣事，与粉丝保持连接，被动吸粉。

3）提高变现能力

当然，要想成功地打造个人 IP，一个重要的考量就是"变现"能力。否则，即使主播与粉丝保持着很强的黏性，也难以从粉丝身上赚到钱，这样主播的价值就很难得到真正的体现。

如今，个人 IP 的变现方式越来越多，如广告、游戏、拍片、主播、社群、网店、微商、商业服务、卖会员、VIP 以及粉丝打赏等。虽然对于新人主播来说，变现方式与大 IP 相比有一定的局限性，但是通过社群、粉丝打赏等手段变现也是非常有效的。

4）学习并积累经验

作为人物 IP 的重要条件，创造内容如今也出现年轻化、个性化等趋势。要创作出与众不同的内容，就要在内容中体现有价值的东西。从某方面来看，学历和阅历，直接决定了你的内容创造水平。

总之，主播在推销产品的过程中，语言表达不能太简单地平铺直述或自卖自夸，而要用更新颖有趣的方式进行创意营销。例如，一些销售健身器材的主播会在直播间内跳健身操，向用户分享瘦身秘诀，利用这样新颖的直播方式向用户推销产品。

5）核心价值观明确

要想打造个人 IP，首先你需要一个明确的核心价值观，即平常所说的产品定位，也就是你能为粉丝带来什么价值。当价值观明确了之后，你就能在与粉丝沟通时，突出自身独特的魅力，从而快速地吸引粉丝关注。

6）培养人格魅力

在打造个人 IP 的过程中，主播需要培养自身的正能量和亲和力，可以将一些正面、励志的内容以比较温暖的形式在第一时间传递给用户，让他们信任你。具体来说，要培养人格的魅力，需要做到以下 3 点，如图 8-8 所示。

图 8-8　培养人格魅力的技巧

俗话说："小胜在于技巧，中胜在于实力，大胜在于人格。"在互联网中这句话同样有分量。那些超级 IP 之所以能受到别人的欢迎，是因为它们具备了一定的人格魅力。虽然新人主播所打造的个人 IP 不能与那些超级 IP 相提并论，但是也具有一定的人格魅力。因此，要把主播的口碑打出去，让更多的用户知道，从而帮助传播口碑，其中一个办法就是利用主播的个人魅力。

8.2.7　培养粉丝看直播的习惯

当粉丝已经养成观看主播直播的习惯时，就证明粉丝对主播的忠诚度已经升级到"铁杆粉丝"的级别了。那么，新人主播应该如何培养粉丝的习惯呢？下面笔者分享两个技巧。

1．保持定期直播的习惯

主播在直播带货的过程中，要保持定期直播的习惯，避免断播、停播的情况。否则，当粉丝想观看直播而你却没有开播时，就会去其他的直播间观看直播。

一些人气高的主播往往已经形成了定期直播的习惯，他（她）们的粉丝即使不看直播预告，也能够清楚地记得主播直播的时间。培养粉丝观看直播的习惯并不容易，如果主播连定期直播的基本要求都做不到，将很难让粉丝养成观看自己直播的习惯。

2. 总结满足需求的条件

单纯地保持定期直播，还不足以让粉丝养成看直播的习惯，主播还需要对粉丝的其他需求做出总结，做到满足大部分粉丝的需求。例如，粉丝喜欢在哪个时间段观看直播，喜欢购买什么类型的产品；主播的哪一种直播方式能够引起粉丝的共鸣等。

通过这种方式，主播不断地升级用户的购物体验，定期直播，偶尔给予粉丝一些奖励，激发粉丝的积极性。长此以往，主播便有可能使粉丝成为自己的"铁杆粉丝"，从而让这些粉丝养成观看直播的习惯。

8.3 建立氛围活跃的粉丝社群

当主播的粉丝有一定的规模之后，建立社群，利用社群来维护粉丝，实现流量的二次变现很有必要。下面笔者分享一些建立粉丝社群以及维护粉丝社群的技巧，帮助新人主播建立一个具有持久生命力的社群。

8.3.1 确定社群内容及方向

在建立粉丝社群之前，主播要精准地把握社群的定位，从而确定社群的内容以及发展方向。那么，主播要如何做好社群定位呢？具体来说，可以从以下 4 个方面展开。

1. 主播的背景

主播的背景主要包括主播的个人资料、在销售行业的从业经验以及个人的阅历等。主播通过详细分析自己的背景，可以了解到自己的特长以及优点，从而分析出自己能够吸引到什么类型的粉丝。

2. 带货的产品

当对自身的特长以及优势有深入地了解之后，主播就可以从带货的产品入手，开始确定社群的内容了。因为主播在直播带货时所销售的产品决定了粉丝社群所需要输出的内容，所以主播在确定社群内容前，要对带货产品做一个全面的分析。

例如，当主播销售的是健身器材时，就可以在社群中多分享一些瘦身的知识，吸引粉丝阅读之后，再发布一些与直播相关的信息。

3. 粉丝的结构

社群由粉丝组成，社群内容的阅读者也是粉丝，所以主播只有对自己的粉丝进行详细分析，才能做出直击粉丝痛点的社群内容。主播分析粉丝群体时，可以

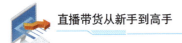

从以下两个方面入手。

1）分析目标粉丝

目标粉丝是指对产品有需求的粉丝，目标粉丝由主播销售的产品所决定。例如，主播销售的是女装，那么目标粉丝就是女性粉丝；主播销售的是童装，那么目标粉丝就有可能是宝妈。

2）分析粉丝结构

主播要对自己的粉丝群体有所了解，就要分析粉丝的结构类型。例如，某主播主要销售服装，她社群中的粉丝多为白领，而且这些粉丝一般对职场穿搭很感兴趣，针对这一点，该主播就在社群内主要分享职场女性穿搭的技巧。

4．打造社群标签

社群标签能够明确社群的定位，主播了解自己的背景、产品以及粉丝，初步确定社群的内容之后，就可以打造社群标签，对社群的发展方向有所规划了。具体来说，主播在打造社群标签时，可以从以下3个方面入手。

1）标签有辨识度

有辨识度是指社群标签不仅要清晰明确，还要有自己的特色。否则，千篇一律的标签只会让粉丝产生审美疲劳。

2）满足粉丝的需求

如果社群标签满足粉丝的要求，就能击中用户的痛点，那么社群对粉丝来说就更具有吸引力。例如，主播可以为社群打上"护肤、彩妆攻略"的标签，如何护肤、化妆一直是大多数女性粉丝的困扰，而这样的标签可以击中这些粉丝的痛点，满足其需求。

3）标签与产品相匹配

产品是确定社群标签的出发点之一，所以社群标签要和产品相匹配。例如，主播销售的是小个子女生的服装，就可以以"小个子女生穿搭指南"作为社群标签；主播销售的是美妆、护肤产品，就可以以"美妆种草""美妆选品攻略"作为标签。

8.3.2 输出具有价值的内容

社群是有寿命的，如果主播没有运营好，那么这个社群很可能就会慢慢地变成一个死群了。因此，持续输出有价值的内容，是经营好社群的前提。本小节笔者将向大家介绍如何输出有价值的社群内容。

1．确定输出方向

主播在确定输出内容之前，要明确社群的输出方向，具体来说，主播可以从以下 3 个方面入手。

1）根据产品来定位内容

主播在社群中输出的内容可以是主播直播的时间、带货产品的相关信息以及直播预告的视频等，还可以是主播的日常生活，或者是有关产品的知识分享。需要注意的是，不管主播在社群内分享哪种内容，都要围绕产品来展开。

例如，对于销售护肤产品的主播来说，他在社群内输出的内容可以是直播间的一些优惠活动、护肤产品的信息以及亲身使用不同护肤品的体验等，不仅如此，主播还可以在社群内分享一些自己总结的护肤小技巧，发起话题让粉丝互相讨论。

2）确保内容是积极向上的

一般来说，积极向上的社群内容更受粉丝的欢迎，一味地传递负能量，会影响到主播的人设以及粉丝心中的主播形象，也无法调动粉丝的积极性。

3）不输出无关紧要的内容

粉丝之所以进入社群，是因为对产品有需求，希望在社群中有所收获，所以有价值的内容才是粉丝们需要的。如果主播经常在直播间内输出一些与产品以及与自己无关的内容，就会引起粉丝反感，甚至促使粉丝退出社群。所以，主播要保证社群内容的质量，围绕产品输出有价值的内容。

2．输出福利和干货

当主播确定好社群内容输出的方向之后，就要详细地规划具体的社群内容了。这时，主播可以以福利和干货为主要输出的内容，满足粉丝的需求。例如，主播在社群中可以定时给粉丝送优惠券、微信红包以及赠品等福利，维护社群黏性，还可以输出一些有关产品的知识，满足粉丝的需求，使粉丝有所收获。

3．社群话题多变

粉丝社群是一个将有共同兴趣爱好的粉丝聚集起来的载体。在社群内，粉丝们可以互相交流、讨论，而主播则是讨论的主要发起者。因此，为了让粉丝保持活跃，主播需要经常发起话题，引导粉丝参与到话题中。

此外，为了让粉丝不对话题失去兴趣，经常更换话题很有必要的。那么主播应该如何选择合适的话题呢？具体来说，主播可以从以下 4 点切入，如图 8-9 所示。

4．持续输出内容

社群是需要持续地维护的，只有持续地输出内容，才能保证社群拥有长久的生命力。社群中的内容可以分为两种，一种是 PGC（Professionally-generated Content），也就是专业生产内容，另一种是 UGC（User-generated

Content），即用户生产内容。

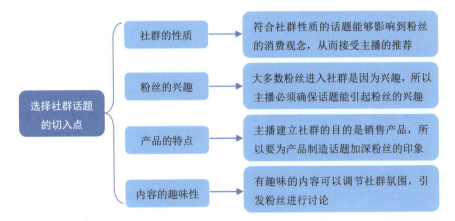

图 8-9 选择社群话题的切入点

在粉丝社群中，PGC 指的是主播生产的专业性内容，UGC 则是粉丝生产的内容。对于主播来说，做到持续输出内容，除了自身要输出的内容之外，还可以让粉丝参与到内容输出中，以减轻自身的压力。那么，主播要如何让粉丝参与到内容输出中呢，笔者总结了两点。

1）借力于意见领袖

内容的输出在一定程度上需要一个或多个意见领袖的协助。这个领袖可以是某个领域的专家或权威人士，也可以是社群内话语权较大的粉丝，是促成粉丝之间交流、互动的动力。

2）建立激励制度

主播可以利用微信红包、抽奖和赠品等刺激用户输出一些优质的内容，只要物质奖励有足够的诱惑力，粉丝的创造性就有可能被激发出来。此外，主播还可以在社群中发起话题，或者举办活动激发用户输出内容。

8.3.3　积极促活维持生命力

主播在运营社群时，需要积极促活，才能维持社群的生命力，所以主播需要开展多种多样的活动，才能保持社群的热度。下面笔者介绍几种社群促活的方法。

1．利用福利刺激

利用福利刺激粉丝，有利于持续地激发粉丝在社群中交流的热情，主播在直播前，可以给粉丝发放一些优惠券，提醒粉丝观看自己直播；或者在社群中发起抽奖免单的活动，每隔几分钟便提醒用户进行抽奖。

这样不仅可以给自己的直播间带来人气，还有利于增强粉丝之间的黏性。节假日时，主播还可以举办一些回馈粉丝的活动，或者在社群中发放红包，让粉丝感受到主播的诚意。

2. 提升粉丝参与感

让粉丝参与到社群运营中来，产生归属感，可以提高粉丝与主播之间的黏性。比较有效的方式就是在社群中发起话题，引起粉丝的讨论，利用话题的引导来激发用户的表达意愿。

例如，销售美妆产品的主播可以在社群中发起"买化妆品时你都踩过哪些雷""说说你喜欢的口红品牌"等话题来提升社群的活跃度。不过，主播在发起话题时，需要注意以下 3 个要点，如图 8-10 所示。

图 8-10 发起话题时需要注意的 3 个要点

3. 举办线下活动

主播要想让粉丝社群长久地运营下去，只有把社群内的粉丝连接起来，才能保持更高的黏性。由于社群内的粉丝相互之间并不认识，所以难免会交流不起来。

这时，主播举办一些线下交流活动，可以让粉丝们认识彼此，建立情感交流。但是，主播在组织线下活动时，需要掌握一些技巧，如图 8-11 所示。

图 8-11 组织线下活动需要掌握的技巧

8.3.4 社群从 1 到 N 的裂变

主播建立粉丝社群之后，如果想要扩大粉丝群，就需要借助群内粉丝的力量进行社群裂变。需要注意的是，如果主播的粉丝群还处在不稳定的状态，盲目地裂变，为社群拉入新的成员只会破坏社群的凝聚力。那么，主播要如何实现粉丝社群从 1 到 N 的裂变呢？下面笔者总结出了以下 3 个要点。

1．判断社群是否成熟稳定

当社群已经具有一定规模之后，主播需要思考社群是否已经成熟稳定，从而判断是否适合进行裂变。下面笔者对构成社群的 5 个要素进行了详细分析，以供主播判断社群是否适合扩大规模。

1）认同感

认同感是指粉丝对社群文化的认可度，它具体表现在群内粉丝是否积极参与社群活动、是否展现了自我价值、是否在社群内付出了时间和精力、是否与其他粉丝连接紧密这 4 个方面。当粉丝对社群文化有高度的认同感时，就说明社群已经逐步趋向成熟了。

2）社群结构

社群结构包括社群成员、管理规则、交流平台和加入原则这 4 个部分，社群结构影响着社群的长远发展，如果主播对社群结构没有合理地规划，就很难建立成熟的社群结构。

3）内容输出

粉丝加入社群的目的是为了收获价值，所以社群是否能够持续地为粉丝提供有价值的内容，也是判断社群是否成熟的重要因素。

4）运营模式

社群的运营模式决定了一个社群寿命的长短，也是社群裂变是否成功的关键因素。一套成熟的运营模式有利于社群的长期发展。

5）可复制

虽然扩大社群的规模可以给主播带来更多的经济效益，但是盲目地扩大社群规模，很有可能会影响到社群的正常运营。并不是所有的社群都适合扩大规模，只有运营模式、管理规则以及内容输出都能够实现复制的社群，才能进行裂变。

2．发挥 KOL 的影响力

KOL 一般是指关键意识领袖。粉丝社群中，KOL 则是社群的核心粉丝，这些核心粉丝往往具有很大的影响力，代表着社群内所有成员的诉求，可以说，主播只要服务好一个 KOL，就能影响到社群内很多粉丝对社群的认知。

但是，对于主播来说，要挖掘或培养社群中的 KOL，发挥 KOL 的影响力并不简单，下面笔者总结出了 3 个挖掘 KOL 的方法。

（1）该粉丝在社群中是否有很高的活跃度。

（2）该粉丝是否有很高的下单积极性。

（3）该粉丝在社群内是否有很高的内容输出频率，输出的内容是否优质。

3. 打造超预期的社群口碑

对于新人主播来说，在社群粉丝少、社群运营模式不成熟的情况下扩大社群的规模将很难树立起社群的口碑，从而无法进一步扩大社群的传播力度。因此，主播要实现社群的裂变，就需要从以下3个方面打造超出粉丝预期的社群口碑。

1）优化粉丝的体验

社群难免会存在不足之处，粉丝作为社群的直接体验者，往往能够看到社群不足的地方，此时，主播如果想要获得粉丝的认可，就要不断地优化粉丝在社群内的体验，听取粉丝反馈的意见，对社群的服务进行优化升级。

2）提升社群的服务速度

在听取粉丝意见的同时，主播也要提升社群的服务速度，迅速做出改进。例如，当粉丝在社群中提出一些有关社群服务的问题时，主播只是附和地回应粉丝，而不提供解决办法，这种做法很容易引起粉丝的不满，一旦有一位粉丝在社群中提出不满，就很有可能引发其他粉丝降低对主播的好感度。

3）找出合适的优化方法

对于经验不足的新人主播来说，运营社群的试错成本可能会很高，因为他（她）们可能过于关注粉丝的体验，所以往往很容易被动地根据粉丝的建议对社群进行整改。这样不仅会提高试错的成本，还有可能会导致社群偏离了原来的发展方向。

因此，主播在借鉴粉丝建议时，要先结合社群存在的问题做出合适的解决方案，找到合适的优化方法，在运营社群的过程中提高粉丝对社群的黏性，促使粉丝帮助主播进行社群宣传。

8.3.5 社群运营的3个阶段

对于主播来说，运营粉丝社群的目的是为了销售产品，也就是为了实现粉丝的二次变现。对此，笔者将主播直播带货结合社群运营的变现过程划分为3个阶段，为主播进行社群变现提供借鉴。

1. 产品阶段

销售产品是主播进行直播带货以及运营粉丝社群的目的，所以选择符合粉丝需求的产品非常重要。一般来说，在社群运营初期，由于粉丝黏性不够强，说服粉丝下单购买产品有一定难度。这时，主播需要尽量选择价格划算且性价比高的刚需产品。随着社群不断地发展壮大，主播在产品的选择上可以以价格便宜的产品和中等价位的产品为主。

2．营销阶段

当确定好产品之后，主播需要通过社群运营来进行产品营销，这时，主播需要做好以下 3 个工作，如图 8-12 所示。

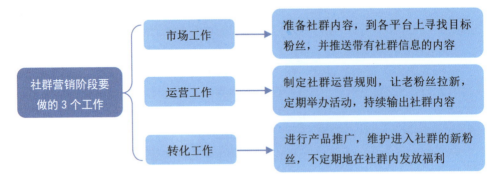

图 8-12　社群营销阶段要做的 3 个工作

3．迭代阶段

在迭代阶段，主播要根据粉丝的反馈不断地更新所销售的产品，让所选的产品更符合用户的需求。同时，随着社群规模的扩大，主播不断地细化运营规则来提升粉丝体验，吸引了许多粉丝在主播的直播间以及社群内购买产品，社群变现已见成效。

第 9 章
警惕存在风险的带货禁区

学前提示

直播带货行业充满了机遇和风险,对于刚进入直播带货行业的新人主播来说,如果对这个行业潜在的一些风险不够了解,就很有可能会触碰到一些禁区。本章笔者将向大家介绍直播带货过程中的误区与雷区,以帮助新人主播规避直播带货行业的风险。

9.1 影响产品销量的选品误区

虽然部分用户做出的购买产品决定在很大程度上受到了主播的影响,但是大多数用户购物时还是比较理性的,他(她)们在自身没有需求的情况下,一般是不会购买产品的。

所以,对于主播来说,选择符合用户需求的带货产品非常重要,这关系到产品的销量。本节笔者将总结3个选品的误区,以供主播参考。

9.1.1 因竞争激烈放弃爆品

许多主播在选品时,都会遇到一个问题,那就是应该选择竞争比较激烈的爆品,还是选择没有竞争压力的小众产品呢?一些主播面临这个选择时,很可能会因为担忧爆品的竞争过于激烈,从而放弃去销售一些销量比较好的爆品,而选择销售一些小众的产品,错失了某些爆品的红利。

所以,在条件允许的情况下,主播不妨选择销售一些销量比较好的爆品,抓住爆品的红利期。但是,如果主播盲目跟风销售爆品,不一定就能带动产品的销量,所以主播选择销售爆品时,需要考虑以下3个问题,如图9-1所示。

图9-1 销售爆品需要考虑的3个问题

9.1.2 用户需求分析不精准

主播一般是根据用户的需求来选择产品的,所以主播在分析用户需求时,难免会遇到分析不准确而导致所选产品销量不高的情况。那么,主播要如何规避这种情况呢?下面笔者分享3个分析用户需求的步骤。

1)收集需求

收集需求是指主播对用户的反馈进行收集、分类以及梳理,尽可能获得更多用户信息的行为。例如,主播与用户互动时可以直接咨询用户的需求,或者在一些平台发起问卷调查等。如图9-2所示,为部分主播在微信公众号平台上设置新品许愿清单,来了解用户的产品需求。

不仅如此,主播还可以建立粉丝社群,通过运营粉丝社群来收集用户需求,如图9-3所示。

第9章 警惕存在风险的带货禁区

图9-2 部分主播利用微信公众号平台来了解用户需求

图9-3 运营粉丝社群来收集用户需求

2）评估需求

需求有轻重缓急之分，主播以及直播团队需要筛选出有价值的需求。

3）挖掘实现产品利益较大化的需求

即使主播或直播团队已经根据用户需求选择了合适的产品，也并不能满足所有用户的需求。对此，主播或直播团队需要保证所挖掘的需求能实现利益最大化。

9.1.3 跟风导致产品同质化

我们在网上购物时，经常会发现很多商家在销售同一款产品，甚至一些商家所使用的产品封面都一模一样。如图 9-4 所示，为淘宝平台上不同的商家销售同一款产品的现象。

图 9-4　淘宝平台上不同商家销售同款产品的现象

不仅如此，在进行直播购物时，我们也会发现许多主播在销售同一款产品，但产品的定价却有很大差异。为什么会有这种现象呢？一般来说，这很可能是因为一些主播或直播团队发现竞争对手某款产品的销量很好时，就会跟风销售同款产品，与竞争对手打"价格战"。

这样会导致许多主播或直播团队盲目地跟风选品，一旦某个产品的销量很好，他（她）们就想和别人一样销售同款产品，以降低毛利率的方式来形成价格优势，导致产品同质化严重，同款产品的价格差异大。长此以往，便会出现以下两种结果。

（1）产品竞争压力大，主播或直播团队为了保持价格优势，不断地降低价格，陷入了无法继续降价、盈利亏损的境地。

（2）由于竞争对手较早销售该产品，已经积累了稳定的粉丝群体，就算主播或直播团队降低价格，也无法撼动竞争对手的影响力。

9.2 影响主播生涯的直播误区

虽然直播带货能给主播带来很多利益，但也会带来许多风险。主播只有了解并规避这些风险，才能让自己在直播带货的道路上越走越远。下面笔者分别介绍12个影响带货主播职业生涯的直播误区，帮助主播规避一些直播风险。

9.2.1 跳槽频繁稳定性差

直播带货行业的平台竞争是十分激烈的，平台之间相互挖人的现象并不少见。俗话说："名气越大，机会越多。"一些大主播成名以后，其他平台基于竞争的目的，就会用更优厚的条件和待遇将其挖走。

很多主播因为觉得其他直播平台的条件待遇好就选择跳槽，实际上这种做法是非常不可取的。对于主播而言，粉丝是需要长期积累的，放弃原有的粉丝去另一个平台从零开始是非常冒险的举动。而主播一旦更换平台，就会流失掉原有的粉丝，导致主播需要投入更多的时间和精力成本来积累自己的人气和流量。

而且，如果主播经常跳槽的话，会给粉丝和平台留下一种浮躁、不稳定的印象。这就好比求职面试，面试官一看到求职者的简历上一年换了好几份工作，那么即使这个人能力再优秀，面试官也不会考虑录用他，因为他的稳定性实在太差了。

例如，某主播原来是斗鱼平台非常火爆的主播，有着"斗鱼一姐"之称，然而自从她跳槽去了哔哩哔哩平台之后，她的人气似乎没有以前那么高了，这主要是两个平台的用户群体不同导致的。

因此，主播需要记住一句话："滚动的石头不生苔"，意思是经常滚动的石头，苔藓是无法长出来的。要想在直播带货行业有所成就，就必须静下心来沉淀自己。

9.2.2 盲目从众随波逐流

目前，直播市场已经出现了表面繁荣发展，却与所产生的经济效益不匹配的现象。很多人看到那些知名的主播一晚上就能赚几千万元，便纷纷开始转入直播带货行业，想要复制别人的成功之路，却忽略了没有赚到钱的主播大有人在。而造成这种结果的原因主要有以下两点。

1）流量有限但竞争激烈

由于进行直播带货的商家和主播有很多，并且很多商家和主播的直播内容相似度高，产品同质化严重，导致部分用户开始产生了审美疲劳。在这种情况下，许多用户会倾向于观看那些有知名度的主播直播。

因此，直播平台的很多流量都给了大主播，导致剩下的小主播在直播初期很难吸引粉丝驻足。对于这些小主播来说，他（她）们要想获得更多的曝光，只能长期不断地输出优质的直播内容。

但是，从直播以及直播带货所面向的受众角度来看，由于网络上提供的直播内容太多，用户面临的选择也有很多，所以大多数用户观看直播购买产品的意愿很低，甚至有的主播根本无法让用户做出购买行为。直播行业远没有我们想象得那么乐观，所以主播要切忌盲目从众、随波逐流。

2）主播的能力参差不齐

随着直播带货行业的发展，直播的门槛也越来越低，很多平台只需要用户完成实名认证即可进行直播，再加上直播的热度很高，导致很多人想要进入直播行业"分一杯羹"。

然而，由于进入直播行业的这些主播的能力和素质参差不齐，所以主播的淘汰率很高。只有能力出众的人，才有机会快速成长为一名顶级流量的热门主播，获得大批粉丝的关注和追捧；而没有能力、平庸无奇的人就很有可能沦为不知名的主播。

9.2.3 被虚假的现象蒙蔽

直播带货从出现到迅速发展，只用了几年的时间。现在，直播带货已经成为互联网炙手可热的行业。但是，在繁荣的表象之下，也潜藏着许多看不见风险和危机。可以说，目前直播带货已经出现了虚假繁荣的现象，具体来说，这种现象表现在以下两个方面。

1. 主播收入

一般来说，主播的收入主要由薪资、打赏分成、佣金以及广告这3部分组成。而对于大部分主播来说，其收入并没有想象得那么高，高收入一般只存在于头部主播。

不过，由于直播带货行业虚假繁荣的影响，主播的高收入是存在一定水分的，而存在水分的主要原因有两个，具体内容如图9-5所示。

2. 直播点击量

上面提及的主播收入在很大方面与主播的粉丝和点击量相关，粉丝多、点击量大的直播间，会有比较多的曝光机会，这可以为提升产品的销量带来很多好处。一旦产品的销量得到提升，主播获得的收入自然也就提高了。因此，为了提高收入，有些主播会选择利用虚假数据来提高直播间的人气。

一般来说，制造虚假数据的途径有两个，一是主播主动刷粉，二是直播平台引入"机器人"粉丝。在这两种途径中，前者主要是由主播自身来完成的，目的在于提升主播的影响力。后者则是由直播平台来完成的，一般来说，一些直播平台会选择一些有潜力的主播，在这些主播的直播间内引入"机器人"粉丝，目的是为了向用户制造平台虚假繁荣的假象。

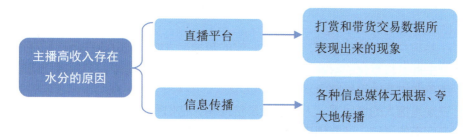

图 9-5　主播高收入存在水分的原因

9.2.4　主播擅自经营业务

当下网络直播大火，一些主播面对巨大经济利益的诱惑，不仅在一些直播平台上违规直播，还有超范围经营的行为。一般来说，擅自经营包括两方面内容，一是违规经营；二是超范围经营。

其中，直播业务的违规经营指的是进行的直播业务没有经过工商部门的登记许可的行为；而直播业务的超范围经营，指的是主播的某些业务内容并不在工商部门所登记的直播业务经营范围之内。例如，一个以推出新闻为主打业务的平台突然推出了直播，而其在有关部门所登记的相关业务中并不包括直播，这就属于超范围经营的行为。无论是违规经营还是超范围经营，都会受到相应的处罚。

那么，在直播业务的擅自经营行为频出的情况下，造成这种现象的原因有哪些呢？具体来说，原因主要有利益诱惑、法律意识淡薄和经营者道德品质差这3点。

9.2.5　非法侵犯他人隐私

部分主播在户外直播过程中，很有可能会做出侵犯他人肖像权和隐私权的行为。例如，一些主播直播时，将商场、人群作为直播背景，全然不顾他人是否愿意上镜，这种行为极有可能侵犯他人的肖像权和隐私权。自从短视频、直播渗入到日常生活之后，人们的隐私不仅逐渐受到了侵犯，还开始成为别人的饭后谈资。

当我们处在公共领域中时，我们可以拒绝他人采访，也有权决定是否愿意出现在视频直播中，我们在公有空间中有权行使我们的隐私权。因此，主播在直播时，强制要求他人出镜的这种非法侵权行为是不可取的。

例如，某家餐厅为了做宣传，在店里安装了摄像头，并在很多顾客不知情的情况下，直播了顾客的吃相，为店铺做宣传。店家在当事人不知情的情况下拍摄别人、曝光别人，以此方式吸引流量，已经侵犯了他人的隐私权。所以，作为主播的我们更要严格要求自己，而不能非法侵犯他人的隐私。

9.2.6　三观不正博取关注

一些用户在观看直播时，是带有一定的精神追求的，所以这些用户往往很容易受到主播潜移默化的影响。因此，主播在直播带货的过程中，要保持正确的三观，而不能错误地引导用户。

三观是指人的世界观、人生观以及价值观，它们受个人的生活水平、教育水平以及阅历的影响。随着越来越多人进入直播带货行业，主播的素质参差不齐，其中难免会有部分主播在直播时以粗言秽语来博取用户的关注，或者大肆宣扬错误的价值观。

在直播平台上，一些观看直播的用户有可能是心智尚未成熟的未成年人，如果主播在直播中传递错误的价值观，难免会给这些用户带来不良影响。

例如，某淘宝主播直播时，曾有一位 15 岁的女孩进入了他的直播间，并留言自己很喜欢看他直播。该主播看到留言后，直接劝说女孩不要在他的直播间内买东西，并建议女孩学会赚钱并且经过父母同意之后，再来直播间内购买想要的产品。许多用户纷纷点赞了这位主播的行为，并称赞他的三观很正，于是这位主播便因为三观正而取得了一大批用户的好感。

主播作为公众人物，应该为广大用户树立榜样，而不是在直播间内利用不正确的三观来哗众取宠，否则很可能会导致粉丝流失。不仅如此，如果用户在观看直播时，发现主播在传递不正的三观时，就有可能会举报主播，一旦平台发现主播确实有传递错误三观的行为，就会对主播的账号予以处罚。

9.2.7　内容低俗遭到封杀

如今，平台对网络直播内容的监管力度越来越严，不管是新人主播还是人气主播，只要在直播间传播不良信息或低俗内容就会被永久禁播和封杀。文化部也针对主流直播平台进行彻底检查，查封了其中涉嫌提供含宣扬淫秽、暴力、教唆等内容的直播间或平台。同时，文化部还制定了《关于加强网络表演管理工作的通知》，其主要内容如图 9-6 所示。

因此，各个直播平台以及网络表演的相关企业都要加强自身管理，打造合法的内容、有序地经营，为用户带来更多拥有正确价值观的产品和服务。主播也要身体力行，创造出更多优质且健康的直播内容。

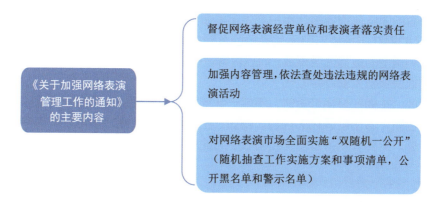

图 9-6 《关于加强网络表演管理工作的通知》的主要内容

9.2.8 内容的同质化严重

虽然各直播平台上入驻的主播很多,但是其直播的内容有很多是千篇一律的。目前,直播带货行业的直播内容同质化现象十分严重,其中一些主播的直播内容不仅抄袭其他主播的创意,甚至还直接模仿其他主播的直播封面图。如图9-7所示,为淘宝平台上直播间封面同质化的现象。

图 9-7 淘宝平台上直播间封面同质化的现象

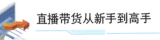

内容的同质化很容易让用户产生审美疲劳，降低观看直播的兴趣。尤其是在人物 IP 的网红市场中，同质化竞争的表现主要体现在内容层次方面，其典型特点是同一类型的直播内容重复，而且内容替代性强，导致某些网红也许今天红了，明天就很快被别人复制并取代了。

因此，主播在直播带货时，不能一味地模仿和抄袭别人用过的直播内容，必须学会创新，做出差异化的内容。例如，主播可以从生活、学习以及工作中寻找创作灵感，这样才能持续创作出有吸引力的内容。

9.2.9 被资本和机构干涉

直播行业市场引来了大量的资本关注和资金注入，这虽然为主播的发展提供了强大的动力，但投资方一般会对被投资人有一定的要求，这对直播内容创作有一定的影响和制约。

另外，有些主播会加入公会或签约 MCN 机构和经纪公司，这虽然能够为主播提供很好的发展机会，但是有的机构并不了解合适主播的直播内容风格，对主播的内容创作乱加指导，反而是让其丧失了原有的特色风格。因此，主播和平台要尽量寻找与自己相匹配的投资方和机构来合作，保持适合自己的直播风格，形成个人的直播特色，并在此基础上不断地创新，这样才能获得更好的发展。

9.2.10 用户的转化率很低

随着移动互联网的发展，许多用户可能会拥有各种直播平台的账号，从而在不同平台之间游走，寻找自己感兴趣的直播内容。由于不同平台上的各种直播内容层出不穷，所以用户的选择空间非常大。

用户基数有限，当直播的内容选择性很多时，就容易导致一些知名度不高的主播的转化率非常低。如果这些主播的产品和其他直播间的产品相比，没有明显优势的话，就很难让用户下单购买。

由于用户的转移成本低，他（她）们可以随心所欲地更换自己喜欢的直播平台，选择观看不同主播的直播。因此，对于主播来说，在用户购买率低、转化成本高的情况下，建立和维护好一个稳定的粉丝群就变得尤为重要，这也是主播需要做私域流量的原因。

直播带货是需要成本的，如果直播间的用户转化率很低，主播就要找到具体的原因，不断优化自己的直播内容，否则将很有可能会被市场淘汰。

9.2.11 钻直播平台的空子

随着网络视频直播的不断深入发展，直播模式越来越完善，内容也不断地得到丰富，这导致直播带货行业竞争越来越激烈。因此，一些主播为了博人眼球，便使一些不健康的内容涌现在直播平台上。

由于直播内容很多，涉猎领域广泛，再加上直播中一些"灰色边缘地带"的存在，使得直播平台方对内容的运营监管有些力不从心，其运营监管的成本也成了一大难题。

同时，对于平台方而言，在众多平台中脱颖而出，获取用户、实现盈利才是最终目的。而基于这一目的，有些平台开始在"灰色边缘地带"游离，默许低俗内容的存在。这导致部分主播在内容打造方面，为了吸引用户的注意力，开始钻直播平台的空子，做了一些"擦边球"的直播内容。

人们一般把在规定界限边缘做出的不违反规定的事比喻为"打擦边球"，而做"擦边球"的直播内容的主播实际上是钻了平台和法律的空子。不过，做这种直播内容的主播即使能逃过平台的监管，也逃不过法律的制裁。

因此，主播要想在这个行业长远发展，就需要遵守法律法规和平台的规定，做一些积极、健康的直播内容。

9.2.12 搬运抄袭他人内容

在直播行业中，一些主播难免会为了流量而去搬运或抄袭他人的内容。但随着网络环境的规范化，各大平台对原创内容都是予以保护的。例如，一些用户在哔哩哔哩平台发布原创内容作品时，下方通常会显示"未经作者授权禁止转载"的文字，如图9-8所示。

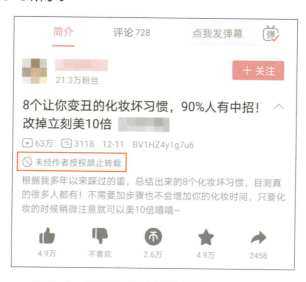

图9-8　哔哩哔哩平台某博主发布的原创内容

因此，不管是视频创作还是直播，抑或者是图文创作，不能触碰的底线之一就是搬运和抄袭他人的内容。一旦主播抄袭的行为被平台检测出来或者被人举报，就会直接被处罚或封号。

9.3 注意不可触碰的直播雷区

虽然主播通过直播带货可以给用户全新的购物体验，但是如果主播触碰到一些直播雷区，就有可能使用户对自己产生反感，让用户不再观看我们的直播。下面笔者总结出了7个直播的雷区，希望能给主播提供借鉴。

9.3.1 频繁催促用户购买产品

主播在直播过程中，频繁地催促用户购买产品是大忌，这样会在用户面前把自己的目的表露无遗，从而引发用户的反感。那么，主播要如何让用户觉得自己不是在催促他（她）们下单呢？具体来说，主播需要做到以下两点。

1. 避免对用户过度热情

对于新人主播来说，在自身知名度不高、粉丝群体不稳定的情况下，要想让用户停留在直播间内观看直播，就要始终保持亢奋的直播状态，热情地对待用户。通过这样的直播方式，可以快速拉近用户与自己的距离，从而促使用户下单购买产品。

需要注意的是，过度的热情很容易会让用户觉得主播过于功利，从而对主播产生戒备心理。因为用户进入直播间观看直播时，在没有了解主播的情况下，还没有与主播建立信任的关系，所以难免会对过分热情的主播产生戒备心理。

面对这种情况，主播在直播时可以与用户多互动，聊一些用户感兴趣的话题，再有针对性地讲解产品。当用户在直播间中频繁发问，互相讨论，表现出对产品的兴趣之后，主播就可以向用户推荐产品，介绍产品的优势了。具体来说，主播要让用户不对自己产生戒备心理，必须做到以下两点。

（1）不因为急于推销而频繁地自圆其说，给用户适当的空间。

（2）不要流露出太强的目的性，尽量少用类似"你买了绝对不会后悔""买到就是赚到""赶紧下单购买"的话术给用户太大的压力。

2. 避免反复催用户下单

虽然主播直播时利用一些话术可以营造紧张感，促使用户下单，但是如果主播反复催促用户下单，难免会引起用户的反感。所以，主播直播时，要避免重复地催促用户下单。但是，如果主播不催促用户，用户下单的欲望将很难被激发出来，这时主播应该怎么做呢？具体来说，主播需要掌握以下两点技巧。

1）把握催单时机

在直播过程中，催单是需要把握时机的，最合适的催单时间是直播快要结束的时候。所以，主播千万不要在刚开播或直播中期就反复催单。

2）不能过于热情

主播在催单时要注意说话的语气不能过于热情，如果把自己的姿态放得太低，就很难引起用户的重视。

9.3.2 直播时贬低其他的主播

一些主播直播时，为了引起用户的注意，会在直播间贬低其他主播从而抬高自己，毕竟直播带货行业竞争激烈，同类型的主播难免会互相攀比。但是，主播作为一个公众人物，言行举止对观看直播的用户有着潜移默化的影响。在用户面前贬低其他主播，不仅会给其他主播带来不良影响，还会引发不必要的纠纷。

此外，一些用户观看直播时，也会拿主播的竞争对手作对比。这时，主播应该谨慎回应粉丝的言论，在突出自己优势的同时，赞美竞争对手，让用户觉得你是一个宽容的人，以此赢得粉丝的好感和信任。同时，如果有用户在直播间诋毁其他主播，主播要及时制止，否则其他用户很可能会对自己产生误解，造成不利的舆论。

9.3.3 直播时抱怨粉丝不下单

主播承担着销售员的角色，对产品的销量负责，所以难免会产生急功近利的心理。而一些新人主播往往很容易产生这种心理，导致直播时无法克制自己的情绪，在直播间内抱怨用户只看直播不买产品，或者只问问题不下单。一般来说，用户观看直播却不下单的原因有两种，如图9-9所示。

图9-9 用户观看直播却不下单的原因

对于用户只观看直播却不买产品的情况，主播应该适当地进行自我检讨，在自己身上找原因，承认自己的能力不足，然后不断地提升自己的销售技巧。同时，也要思考所推荐的产品是否符合用户的需求，在选品上多费心思。

9.3.4 直播单调用户无新鲜感

当一些主播已经直播了一段时间,积累了一定数量的粉丝之后,如果发现粉丝数量一直没有增加,反而变少了,就要开始审视自己的直播内容与风格是否已经满足了用户的需求。面对这种情况,主播可以从以下两个方面给直播增添新鲜感。

1. 尝试不同的开场白

虽然主播刚开始直播时,使用单一的开场白,可以给自己增加辨识度,但是如果主播一直都是同一句开场白,一些老粉丝难免会产生审美疲劳,觉得主播的直播没有新意。所以,主播利用不同的开场白,可以给粉丝新鲜感。例如,提问式的开场白可以引起用户的思考和讨论;聊天式的开场白可以拉近粉丝与自己的距离。

2. 话术单一且机械化

对新人主播来说,他(她)们直播的经验不足,难免会不懂得变通,只会直接套用现有的话术模板,导致话术单一、机械化。而这种话术往往难以激发用户的购买欲,也难以让用户对你有深刻的印象。所以,主播直播时,要避免使用单一的话术,因为没有用户会喜欢单调的直播内容。

当然,如果主播已经形成了自己独特的个人风格,就可以把单一的话术与自己的个人风格紧密地联系在一起。例如,某淘宝顶流主播在直播时,就经常使用"买它"这句单一的话术让用户感受到了强烈的个人风格。

9.3.5 无视平台规则违规直播

为了维护直播环境,各直播平台对直播逐渐加大了监管力度,平台规则也越来越严格,下面笔者以淘宝平台为例,向主播介绍一些有可能导致封号的直播雷区。

1. 直播信息违规

主播直播时设置的账号名称、头像、直播标题、直播封面图以及直播简介等信息,要遵守国家法律法规以及相关要求,而不能发布一些违反秩序、干扰平台运营的信息。

2. 主播换人

主播在直播时,如果邀请其他人入镜,需要提前做直播人员报备。因为淘宝直播对主播的身份认证很严格,一旦主播认证完毕之后,就不要轻易换人直播。

3．空播

空播是指直播间内有无互动、无解说或者主播离开镜头 15 分钟等行为的直播。这种抢占别人的流量，却没有进行带货的行为是绝对禁止的。

4．引导线下交易

主播直播过程中的一切交易行为，都要通过淘宝直播平台进行，这是淘宝为了防止虚假交易以及诈骗等行为所作出的规定。主播直播时，故意泄露微信、手机号以及其他联系信息会面临被封号的处罚，如果屡次违规，很有可能会被永久封号。

5．对产品和服务描述不当

主播对产品和服务描述不当的情况有 3 种，内容如下。

（1）主播描述与卖家产品信息不一致。即主播直播时对产品的图片、价格以及详情等信息的描述与卖家产品信息不一致。

（2）主播对产品和服务的描述与用户收到的产品以及所接受的服务不符合。

（3）主播隐瞒产品瑕疵，过度夸大宣传产品。

9.3.6　心存侥幸策划无人直播

由于直播带货发展势头迅速，平台对直播的内容监管力度有限，许多人开始心存侥幸心理，研究出了五花八门的直播方式。于是无人直播应运而生，并一度在直播平台上开始泛滥。

无人直播是指主播不亲自出镜进行实时直播，而是在直播间内重复播放同一个视频或音频伪装成正在直播的样子，获取用户的打赏，并进行带货。主播利用这种直播方式，可以获得 24 小时在线直播的效果。如图 9-10 所示，为无人直播的直播间。

无人直播的好处是可以节省人力成本，并且可以批量复制直播内容，让多个直播账号同时进行直播。值得注意的是，无人直播虽然是一个快速引流、变现的方式，但是它和直播平台所提倡的健康直播的理念是背道而驰的，用户不会为没有价值的直播内容买单，如果想要在直播行业长期发展，走捷径、钻空子往往很容易"翻车"。

现在，随着直播带货行业中销售假冒伪劣产品、伪造销售数据等热点事件相继被爆出，直播带货一次次被推上了风口浪尖，相关部门对直播行业的管理规范已经出台，而直播带货行业的洗牌期也已经到来。

直播带货的发展历程已经从"野蛮生长"到了"精耕细作"的阶段，这意味着直播带货的门槛正在逐渐提高，主播或商家心存侥幸想要利用无人直播来实现盈利是不现实的。

图 9-10　无人直播的直播间

9.3.7　急于求成盲目投入资金

对于做直播带货的新人来说，想要在竞争激烈的直播带货行业长期发展，是需要脚踏实地，一步步去摸索的。很多人在直播初期由于没有粉丝、没有曝光，就喜欢盲目地投入大量资金寻找 MCN 带货达人、明星来帮自己带货。

虽然这些带货达人和明星有一定的粉丝基础，能为直播带来一定的流量，但是不一定就能提升产品的销量。现在，网络上关于明星直播带货"翻车"的报道比比皆是，例如某商家邀请明星带货，坑位费花了数十万元，不但没有给自己带来流量和销量，反而还赔了钱。

不仅如此，许多商家由于被急于求成的心理所驱使，在找 MCN 带货达人帮忙直播的过程中栽了不少跟头，落入了一些不法分子的"坑"。

因此，在直播带货时，主播急于求成是很难获得成功的，虽然投入了大量资金可能会争取到一些成功的机会，但是也有可能会让你走向失败。对于刚开始做直播带货的主播或商家来说，只要在直播前期摸索出适合自己的发展道路，产品质量过关，价格符合用户需求，坚持不断地播，就可能会慢慢看见带货的效果了。

9.4 避免落入误区的具体方法

了解了直播中存在的误区之后,我们要如何避免走入误区呢?本节笔者将向大家介绍规避误区的具体方法。

9.4.1 通过人工智能提高体验

"直播+人工智能"的出现,不仅吸引了广大用户的目光,还极大地提高了用户的直播体验。花椒直播首次推出的机器人直播吸引了 200 多万用户观看,累计一小时的直播获得了价值约 120 万元的打赏礼物,效果可谓惊人。

为什么用户对人工智能如此感兴趣?由于直播内容的同质化,广大用户已经开始出现了审美疲劳,而"直播+人工智能"的形式能让用户眼前一亮。试想,观看机器人进行才艺表演、与机器人进行交流互动是不是很新鲜呢?毕竟大部分用户没有与机器人互动的亲身体验,而"直播+人工智能"则提供了这个机会。

通过人工智能技术改善用户体验,让直播突破内容同质化是明智之举。今后的直播带货行业也将会以技术为载体,创造出属于自己的一片天地。

9.4.2 做垂直专业的直播内容

直播带货行业的发展之迅速已经远远超过了人们的预期,而直播内容的边缘化现象也层出不穷。文化部对于这种情况已经做出了相应的监管,这也意味着"擦边球式"的直播内容将受到严厉打击,而各种"直播+垂直领域"模式的出现,则表明新一轮的直播大战已经开始。

实际上,直播与垂直领域的结合本来就是大势所趋,是用户需求所导向的。主播想要长久地留住用户、增强用户的黏性,就一定要提高直播内容的专业性。

当然,垂直领域与直播的结合也有难度,与单纯靠颜值、才艺吸引用户的主播不同,"直播+垂直领域"对主播的要求更高,主要是在专业知识方面要有过硬的本领,这样才能经营好用户,让用户转变为"铁杆粉丝"。

9.4.3 传统文化与直播相结合

传统文化本身存在巨大的传承意义和经济变现的价值,而如今将其与发展火热的直播相结合,形成"直播+传统文化"的模式,可以让广大用户感受到优秀传统文化的魅力和内涵。这一突破对于直播行业来说,是内容的拓展和提升。

可以说,"直播+传统文化"是一次极有意义的尝试。当然,传统文化直播的发展也存在不少问题,比如现在直播平台的受众大多为年轻群体,他们对传统文化了解较少,一时之间很难对其产生强烈的兴趣。目前,主播要想利用传统文化来打造直播内容、实现带货变现有一定难度。

9.4.4 虚拟技术助力带货效果

随着直播带货行业的不断发展，现在的直播间也已经开始慢慢蜕变，虚拟场景直播已经跑在了人们想象力的前面，人们印象中的直播带货形式很有可能被颠覆。

例如，某企业的天猫超级直播专场，就给用户上演了一场类似"特效大片"的直播，用户在观看直播时，可以看到主播在不断变换的场景中介绍产品，与虚拟的产品品影像卡片互动，如图 9-11 所示。

图 9-11 主播介绍产品并与虚拟的产品影像卡片互动

直播场景的虚拟化，不仅节省了场地的成本，还可以给用户与众不同的感官体验，使用户沉浸在直播间中，有效地提高产品的销量。除了直播场景的虚拟化之外，一些直播平台甚至还推出了虚拟主播来帮助主播或商家减轻直播压力，提升直播效果，如图 9-12 所示。

9.4.5 严格把控带货产品质量

随着直播带货的快速发展，一些商家及主播销售假冒伪劣产品的现象越演越烈，这不仅让保障产品的质量以及用户的合法权益成为焦点，还严重影响了用户对直播购物的信心。

因此，即使主播的商业价值再高，所销售的产品质量不好，也很难在直播带货行业长期发展。例如，某顶流主播就因为销售假冒的燕窝而被推上了舆论的风口，甚至还可能会面临牢狱之灾。相反，某淘宝顶流女主播一直以来就以选品严格而闻名，她曾在访谈中表示，在选品上，她对产品品质的把控是很严格的，她宁愿自己少赚钱或者不赚钱，都必须把产品品质和口碑做起来。

图 9-12　虚拟主播直播的直播间

由此可见，在直播带货的道路上，成功是没有捷径的，主播只有做好本职工作，严格把控产品的质量，才能换来用户的肯定和信赖。

9.4.6　避免传播错误的价值观

主播在进行直播时，传递给观众的价值观能体现主播的个人素质。所以，主播要时刻自我审视自己有没有以下这些错误的价值观，如果有，就要想办法克服和改正，提高个人素质，升华道德品质。

1. 粗鄙的言行举止

粗俗的原意是指一个人的举止谈吐粗野庸俗，如"满嘴污言秽语，粗俗不堪"。主播在直播时要时刻注意自己的形象，不要说一些粗鄙的言语，否则会引起粉丝和用户的不适。当然，或许有人会说这是豪放直爽，但是主播作为一个公众人物，还是要讲文明才好，只有这样才符合社会主流的价值观，才会获得大众的喜爱。所以，主播要从自身做起，努力提升个人素质修养。

2. 追求物质的享受

追求物欲是一种错误的价值观。物欲是指一个人对物质享受的强烈欲望，在这种欲望的驱使下，主播可能会做出很多错误的事情。

《朱子语类》中曾说过："众人物欲昏蔽，便是恶底心。"说的就是那些疯狂追求物欲的人，他们的心灵必定会空虚，而且会经常做出一些荒唐的事情，这样只会让自己变成一个虚有其表、华而不实的人。与物质享受相比，主播更应该注重精神层面的追求，这能使主播进入更高层次的境界，成为一个有思想、有内涵的人。

此外，直播购物的用户大多数是年轻人，这些年轻人大多追求新鲜感，消费欲望强烈，如果主播鼓吹追求物质享受的价值观，很容易会让这些用户树立不正确的消费观念，从而超前消费。对于一些顶流主播来说，他（她）们的价值观影响力一般很大。所以，这些主播更要避免传播错误的价值观，否则将会被封杀，或者被推上舆论的风口。

某淘宝主播在传递正确价值观这方面就做得很好，他在直播时，通常会提醒用户理性消费，尽量不要购买价格太过昂贵，超出经济承受能力范围之外的产品，还会在直播间的背景放上提醒用户理性消费的文字，如图9-13所示。

图9-13　某淘宝主播在直播背景上提醒用户理性消费

9.4.7　内部KOL孵化减少成本

KOL，即关键意见领袖。主播是KOL的一种，是能够引导粉丝做出某些行为与决策的关键。内部KOL孵化，即品牌或商家自己内部孵化主播。内部孵化需要品牌或商家自己培训主播，从而提高主播的带货能力。

一般来说，内部KOL孵化的成本较少，在品牌发展前期，资金不是特别充裕的情况下，选择内部KOL孵化更适合。在直播带货中，内部KOL孵化前期最需要的是流量的积累，因此，商家或品牌在直播带货时需要注意以下两个问题。

（1）尽量选择竞争力较小的时间点进行直播。

（2）在主播的选择上，选择专业能力强的素人担任主播。

例如，商家或品牌可以选择有过产品销售经验的内部人员来担任主播，这样的主播对品牌产品有一定的了解，可以更全面地讲解产品，突出产品的卖点。另外，还可以让长相拥有优势的人员参与直播，利用其颜值对用户"种草"产品。如图9-14所示，为某直播服装品牌采取内部KOL孵化的形式进行直播带货。

图9-14 某品牌采取内部KOL孵化的形式进行直播带货

9.4.8 与外部的KOL寻求合作

虽然现在许多品牌都在采取内部KOL孵化的形式进行直播带货，但是对于大品牌来说，投资素人孵化KOL还是有一定风险的。由于大品牌的知名度高，粉丝群体规模庞大，一旦这些大品牌把直播做大，让主播积累了一定的粉丝与知名度之后，这些主播难免会被一些利益所诱惑，从而产生跳槽的想法。

面对这种情况，大品牌在直播带货时与外部KOL寻求合作似乎是一个不错的办法。因为大品牌的用户数量已经达到了一定的规模，并且品牌拥有了一定的知名度，所以引入外部KOL相对比较简单。例如，现在许多大的品牌及平台就会寻找一些网红、明星加入直播间，进行直播带货。品牌的规模越大，所能邀请的主播、明星就越多。

对于刚进入直播带货行业的新人来说，如果品牌的规模不算很大，又没有选择内部KOL孵化，想要快速地提升产品销量，就可以先选择腰部的网红帮忙带货，给自己先积累一些流量，再在直播后期与顶流的网红或主播寻求合作。

9.4.9 找准稳定的产品供应链

一些店铺主播在进行直播带货时，由于担心产品的品质，往往会花费大量的资金先采购产品，再通过直播的方式把产品卖出去。

这些主播利用这种带货方式所能获得的利润往往很低，并且还有可能采购到同质化严重的产品，或者遇到产品卖不出去的问题。因此，如果主播没有稳定的产品供应链，所获得的收益就很难有保障。面对这种情况，主播可以找准稳定的产品供应链，尽量拿到一手货源。

直播间内的产品价格有优势，销量才有保障。而主播要让产品的成本以及售价控制到较低水平，就需要有一条稳定的供应链做基础。当主播的背后有了一条完整的供应链做支撑之后，就可以搭建"供货—直播—变现"的闭环，有效地减少带货成本。

第 10 章
完善售后提升直播口碑

学前提示

直播带货给用户带来便利的同时,也带来了一系列问题,从主播和商家的虚假宣传,到产品质量的货不对板,以及数据造假、用户维权困难等各类乱象,都让用户难以放心下单。本章笔者将向用户分享获得售后口碑的方法,帮助主播获得带货口碑。

10.1 打消用户下单的两大疑虑

近年来，直播带货行业发展迅速，它在逐渐繁荣的同时，也带来了一些负面影响。其中，一些商家及主播销售假冒伪劣产品的乱象频出，伤害了部分用户的合法权益，让许多用户对直播间产品的质量以及售后服务产生了不信任感。

因此，打消用户对产品质量以及售后服务的疑虑是提升产品销量、树立主播带货口碑的关键。下面笔者对用户直播购物的两大疑虑做出详细分析。

10.1.1 打消对产品质量的疑虑

一般来说，直播间的产品有价格优势，很多用户都喜欢在上面购物。但是，当产品的价格普遍较低时，用户就很容易对产品的质量产生疑虑。

用户在观看直播进行购物时，虽然会向主播咨询一些有关产品的问题，但是由于用户的问题过多，主播一般不会一一回答用户，这时用户就可能会去咨询客服人员。

而客服人员作为主播与用户之间的桥梁，工作的主要职责就是消除用户的疑虑，维护用户关系，从而为主播或商家创造效益。所以，当用户对产品有疑虑时，客服人员要及时地对产品进行说明，消除用户对产品的疑虑。具体来说，要打消用户对产品的疑虑，客服人员需要做到以下4点。

1．对产品的质量做出保证

许多用户在直播间购物时都会产生矛盾心理，一方面，他（她）们希望以更优惠的价格获得产品。另一方面，当价格比较低时，他（她）们又担心产品的质量可能存在问题，否则商家也不会以这么低的价格出售产品。

质量是用户购买产品的关键因素，如果某件产品在用户看来质量不过关，那么即便产品的价格足够便宜，用户也可能不会下单购买。因此，当用户对产品的质量有疑虑时，客服人员需要尽可能地消除用户的疑虑，否则将很难达成交易。具体来说，客服人员想要说服用户，可以从以下两点展开。

1）说明低价原因

俗话说得好："天下没有免费的午餐。"在用户看来，主播和商家是以盈利为目的的，所以他们不可能全然不顾自身利益，无缘无故地降价进行甩卖。

因此，客服人员在与用户沟通的过程中，可以向用户说明低价的原因，避免用户以为是产品的质量有问题而产生误会。

2）对质量做出保证

虽然客服人员向用户说明低价原因之后，部分用户会相信主播是为了让利于用户，但是简单的说明还不足以完全打消用户对于产品质量的疑虑。所以，客服人员除了对低价原因进行说明之外，还需要对产品的质量做出必要的保证。

例如，用户可能会对产品是否是正品有疑虑。此时，客服人员便可以为用户提供验证方法，并承诺不是正品可以在限定时间内退货。甚至可以打出"假一赔十"等招牌，让用户觉得客服人员对产品的质量是有信心的。

2. 说明产品规格以及细节

用户除了对产品是否是正品等质量问题有疑惑之外，还有可能对产品的规格有所疑虑。因为在用户看来，一旦买了规格不标准的产品之后，很可能会出现产品不符合预期或产品不合适自己使用等问题。所以，当用户对产品规格有疑虑时，客服人员可以参考以下两种解决办法。

1）说明自身规格

通常情况下，产品的规格都是有一定标准的。而正规的产品一般都是严格按照标准规格来生产的。因此，当产品的规格不符合标准时，用户便有理由认为该产品是不正规的。不正规的产品，其产品质量不一定能达到合格的标准，所以用户一般不会轻易购买。

不同地区采用的标准可能存在一些差异。例如，鞋码有中国码、美国码和欧洲码等多个不同的标准，不同标准的鞋码大小存在一定的差异。

因此，为了让用户根据自身情况选择更适合自身需求的产品，客服人员需要对自身产品规格所采用的标准进行必要的说明，在必要的情况下，为了方便用户查看，还可以提供不同标准的对照表。

2）不标准可退货

正是因为产品的规格都是有一定标准的，所以用户在购买产品时，一般都会选择最适合自身需求的规格。例如，在选鞋子时，用户一定会根据脚的大小选择最适合的鞋码。当产品的规格不符合标准时，如果用户按照自身的实际需要来购买产品，就很可能购买到不合用的产品。

很显然，无论是产品不正规，还是产品不合用，用户都会打消购物念头。所以，客服人员需要从源头解决问题，消除用户对产品规格的疑虑。对于用户来说，不标准的产品很可能直接影响使用。这也是大部分用户对产品规格有疑虑的最直接原因。对此，客服人员可以通过一定的举措，给用户以信心。例如，向用户承诺产品不标准可以直接退货。

虽然只是一个小小的承诺，但在用户看来，只要客服人员敢承诺，就说明其对产品的标准是有信心的。

3. 拿出凭证证明品牌授权

在价格相同的前提下，用户在购物时通常更倾向于购买有一定知名度的品牌旗下的产品，原因就在于人们认为知名品牌往往更注重产品的质量。所以，其产品相对来说更可靠一些。正因为如此，当用户看到主播推荐的产品品牌不具有知名度，或者非专卖店在卖某品牌的产品时，便有可能会产生以下两个常见的疑虑。

1）对产品品牌的疑虑

对于不具有知名度的品牌，用户往往很难对其产生信任感。所以，当品牌知名度不高、用户对该品牌不够了解时，就很容易担心其产品的质量。这样一来，即使产品有很多卖点，用户也不敢轻易下单。

所以，当用户对产品的品牌有疑虑时，客服人员一定要想办法让用户觉得产品是可靠的。这时，客服人员可以通过介绍品牌的相关信息，让用户认识这个品牌，并提供一些证据，让用户相信它的产品质量。具体来说，客服人员要打消用户对产品品牌的顾虑，可以围绕以下 3 个方面展开，如图 10-1 所示。

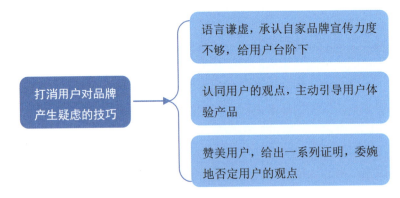

图 10-1　打消用户对品牌产生疑虑的技巧

2）对非专卖的疑虑

除了对品牌知名度存在顾虑之外，当遇到主播在直播间售卖某品牌时，用户也有可能对该品牌产品产生疑虑。因为在用户看来，知名的品牌一般都有专卖店，如果产品是正品，那就没必要再由主播来卖了。

这时，客服人员需要做的就是提供一些可以证明产品是正品的"证据"。例如，客服人员可以将该品牌的授权进行展示，也可以将用户对产品的正面评价作为依据，还可以提供可以直接证明产品是正品的相关资料。在用户看来，实际的资料比客服人员和主播的语言更有说服力。

4．消除对款式过时的疑虑

当某产品以促销价出售时，大多数用户会对产品优惠的原因产生疑虑，担心产品因为过时，才会有这么大的优惠力度。此时，客服人员需要及时消除用户对"产品是否过时"的疑虑。

客服人员在说服用户时，可以以回馈用户为理由，告知用户产品低价的原因，结合当下流行元素对产品进行介绍，再站在用户的角度说出用户购买该产品的好处，从而引导用户下单。

1）以回馈用户来解说

大部分用户之所以怀疑主播推荐的产品过时，是因为该产品比原价便宜很多，优惠力度过大，让用户产生了疑虑。在用户看来，新品打折的概率很小，除非产品已经过时，商家要清仓甩卖，才找主播来带货。

这时，客服人员需要及时打消用户的疑虑，例如客服人员可以通过商家回馈粉丝的理由向用户解释产品低价的原因，让用户放心下单。

2）以流行元素来解说

一些用户对客服人员抱有戒备心理，仅仅以商家回馈用户的理由并不能让他们信服，这时客服人员可以拿产品结合当下比较流行的元素进行解说，让用户去衡量产品是否过时。例如，面对购买服饰的用户，可以把流行的风格、颜色和外观融入产品介绍中。面对购买科技产品的用户，则把流行的外观设计、先进的功能结合到产品介绍中来。

10.1.2 打消对产品售后服务的疑虑

售后服务的优劣直接影响着用户的满意度，也影响着主播的信誉。所以，主播一定要尽力给用户提供优质的售后服务，打消用户对产品售后服务的疑虑。除此之外，对用户来说，当两个主播推荐的产品性能与质量相似时，他们（她们）更倾向于相信有信誉的、售后服务优质的主播推荐的产品。

所以，主播要说服用户下单购买产品，还需要打消用户对产品售后服务的疑虑。那么，主播如何打消用户对产品售后服务的疑虑呢？具体来说，主播可以借力于客服人员，让客服人员与用户沟通时，打消用户对产品售后服务的疑虑。

此时，客服人员要配合主播，当用户咨询售后服务问题时，耐心地进行解答，如果咨询问题的用户过多，可以引导用户咨询智能助理，从而减轻工作负担。

1．详细解答用户保修的问题

当用户购买价格相对较高的产品时，往往希望能够获得一段时间的服务保障，即便产品出了一些问题，也能得到有效的维修。所以，用户在与客服人员沟通的

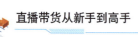

过程中，通常会对保修的相关内容进行询问。

在这种情况下，用户对保修问题的疑虑将在很大程度上影响最终的沟通结果。所以，客服人员应该通过一定的举措，消除用户对保修问题的疑虑。例如，客服人员可以运用以下两招。

1）具化保修内容

具化保修内容就是指将保修的范围具体告知用户，让用户知道产品的哪些部分是可以保修的，哪些部分是不可以保修的。具体来说，具化保修内容主要有两个方面的意义。首先，将保修的内容直接告知用户最直接的作用就是让用户可以对保修的相关事项多一分了解，从而增加用户对产品和主播的信心。其次，当客服人员对保修内容进行具体说明时，用户会觉得产品和主播是真诚和可靠的。

2）展现保修实力

除了了解保修内容之外，用户往往还会对保修是否方便有疑问。例如，有的产品虽然保修的内容较多，但是保修点却很少，用户为了维修产品需要去比较远的地方。这种保修显然是不被用户待见的。

所以，客服人员还需要通过展现保修的实力，让用户觉得产品保修很方便。例如，客服人员可以告知用户产品具体有哪些保修点，当用户所在地保修点较多时，甚至可以将保修点的数量和位置列出给用户看。

2. 告知用户包换包退的条件

即使用户已经观看了直播，对产品的使用效果有了一定的把握，也会遇到产品并不适合自己的问题。此时，对用户来说，产品的价值将大打折扣。所以，为了保障购物的应有权益，部分用户可能会对产品是否包退包换有顾虑。

当然，产品种类、店铺标准等的不同，可能会对用户的退换行为产生影响，客服人员可以根据实际情况，从以下两方面告知用户产品是否可以包退包换。

1）可退换：说清条件

对于可退换的产品，客服人员在告知用户可退换的同时，还需要说清退换的条件。这一方面是为了让用户明白产品可退换的范围，消除用户对退换问题的疑虑。另一方面，也是维护商家正当权益的必要手段。例如，当用户买的衣服不合身时，大多数店铺原则上都是可以退换的，但是这也需要建立在衣服未出现损坏的条件下。

2）不可退换：说明理由

部分产品，如食物、化妆品等，其自身属性就已经决定了它们是不能退换的。对于这一类产品，客服人员需要在明确告知用户不可退换的同时，给出一些合理的、听着比较舒服的理由。否则，当用户想要退换产品，却发现产品不符合退换的条件时，便很有可能会觉得自己被欺骗了。

3．告知用户处理售后的时间

俗话说得好："时间就是金钱。"当用户在直播购物过程中遇到问题时，总希望卖家能够第一时间出面解决。但是，并不是所有卖家的售后服务都做得足够好，所以，许多用户曾遇到过卖家问题处理不及时的问题。

正因为如此，在购物过程中，部分用户可能会对卖家处理问题的时间有顾虑。而这种顾虑对于用户是否下单购物将产生较大的影响。因此，当用户对问题处理时间有疑虑时，客服人员必须设法消除其疑虑。具体来说，要想消除用户对售后处理时间的顾虑，客服人员可以做到以下两点。

1）做出正面回答

当用户就某一问题询问客服人员时，他们很可能已经通过直播对产品有了一定了解。这时，他们往往希望得到有用的信息。如果客服人员不能正面回答用户的问题，那么用户可能会认为售后服务不够可靠。

因此，当用户就问题处理时间询问时，客服人员必须正面做出回答。当然，在此过程中，客服人员可以在回答的过程中加入一些可以证明商家售后服务质量的信息，例如商家客服的人数，以及大概的上下班时间，让用户觉得店铺可以在第一时间解决购物过程中的相关问题。

2）给出实质证据

有一个成语说得好："口说无凭"，如果客服人员只是嘴上说说会在第一时间帮用户处理问题，但是，却不能给出实质的"证据"，那么，用户很可能不会买账，毕竟，嘴上说些好话谁都会，它并不能代表实际情况。

所以，在必要的时候，客服人员还需给用户看一些"证据"。例如，客服人员在回答用户问题时，可以将其他用户对店铺处理问题的好评通过截图呈现给用户。

4．引导用户去咨询智能助理

一般来说，一些主播在直播时会利用直播平台的功能，在直播间内设置一个智能助理来减轻客服人员的工作负担。如果用户要咨询产品的售后服务问题，只需咨询智能助理，在问题列表中点击"售后/退款相关问题"按钮，即可了解产品的售后服务事项了，如图10-2所示。

图10-2 用户点击"售后/退款相关问题"即可了解产品的售后服务事项

10.2 消除用户抱怨的步骤及方法

用户购买产品后,如果遇到物流或产品质量不过关的问题,难免会向客服人员抱怨。此时,如果客服人员处理不好,便有可能激化矛盾。当然,如果客服人员能够正确对待抱怨,就能在消除抱怨的同时,通过沟通获得用户的好感、提高用户的满意度。本节笔者将介绍消除抱怨的主要步骤,并总结出消除抱怨的6个方法,帮助客服人员积极应对用户的抱怨。

10.2.1 消除用户抱怨的主要步骤

凡事都有一定的解决方法,消除抱怨也是如此。如果客服人员能够以相对合适的方法,循序渐进地与用户进行沟通,用户通常更容易接受客服人员的表达的观点,进而对主播和客服人员多一分谅解。本小节笔者将向大家分析消除抱怨的主要步骤。

1. 调整情绪带动用户

直播购物是存在一定风险的,部分用户虽然是因为相信主播才购买了产品,但是如果产品的质量出现了问题,用户就产品的问题向客服人员抱怨时,他们的情绪很可能是负面的,甚至是愤怒的。此时的沟通气氛对于客服人员来说是非常不利的。

对此,客服人员可以在沟通过程中适当地对气氛进行调节,让沟通以相对更舒缓的方式进行,具体来说,客服人员需要做到以下两点。

1)做好自我情绪的调整

当用户向客服人员抱怨时,受到情绪的影响,用户可能会对客服人员说出一些不好听的话,甚至会让客服人员觉得受到了人格上的侮辱。

面对这种情况,客服人员需要积极地调整自身情绪,尽可能地屏蔽用户传达的负能量。因为如果客服人员不能调整好自己的情绪,很可能会与用户产生矛盾,这样会影响到主播的口碑,甚至激化矛盾。

2)消除用户的负面情绪

向客服人员抱怨的用户,情绪通常都很消极。所以,为了营造出轻松的沟通氛围,客服人员在调节沟通气氛时,需要将消除用户的负面情绪作为工作的重点,安抚用户的情绪。

当然,在消除用户负面情绪的过程中,客服人员需要采取合适的方式。例如,客服人员可以在沟通过程中,适当地示弱,向用户表达真诚的歉意,谈论用户感兴趣的话题来转移用户注意力,这样一来,用户的情绪会慢慢地得到缓解。具体来说,消除用户负面情绪的方法有 3 种,如图 10-3 所示。

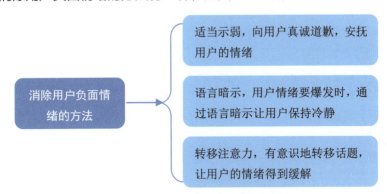

图 10-3 消除用户负面情绪的方法

2. 承认不足以退为进

绝大多数情况下,用户之所以向客服人员抱怨,很可能是其在购物过程中遇到了一些让人不愉快的问题。因此,客服人员需要明白,不管造成用户不愉快的原因是什么,客服人员都要第一时间向用户道歉。

此时,如果客服人员再不适当地示弱,那么用户的情绪更加容易被激怒。这不仅不能解决问题，还会让矛盾升级，一发不可收拾。具体来说，面对用户的抱怨，客服人员需要做到以下两点。

1）先承认不足

很多时候，用户的回应取决于客服人员的态度。所以，客服人员在消除用户抱怨的过程中一定要端正自己的态度。无论己方有理还是无理，都要主动先道歉。

这一方面是为了让用户的情绪缓和下来。毕竟用户在情绪消极时，行为会变得不够理智，说出来的话难免比较偏激。另一方面，当用户抱怨时，客服人员只有主动承认错误，才能让用户配合自己解决问题。

2）学会以退为进

当然，对于用户的抱怨主动承认不足是很有必要的，但是仅仅承认不足并不能解决问题。所以，在承认不足时，客服人员应该采取的策略是以退为进；在道歉时，为自己争取思考的时间，及时地寻找解决问题的方法。

3. 引导用户找到症结

虽然不排除部分用户会借题发挥，抱着购物过程中某些不要紧的细节向客服人员抱怨，但是，大部分用户之所以会向客服人员抱怨，是希望客服人员帮助自己解决问题。

而只有在找到问题的症结之后，客服人员才能有针对性地解决用户的问题，消除用户的抱怨，让其对购物更加满意。具体来说，客服人员要找到问题的症结，可以从以下两方面展开。

1）倾听寻找症结

有的用户属于急性子，当在购物过程中遇到问题时，他们不吐不快，从沟通开始便会向客服人员吐露大量信息。对于这一类用户，客服人员需要做的就是通过认真倾听，寻找症结。

2）引导获得线索

在沟通过程中，部分用户可能只顾着抱怨，一直没有说到问题的重点，或者说不愿意吐露具体的问题，对此，客服人员就需要通过引导获得相关的线索。

例如，客服人员可以直接通过多次提问逐步明确用户遇到的问题；也可以在对用户的表达内容进行分析的基础上，结合自身经验，判断其可能遇到的问题，并通过试探性地询问进行确认。

4. 积极配合解决问题

客服人员作为服务提供者，为用户提供服务，解决用户在购物过程中遇到的问题是一种义务，更何况用户是在直播间内购物的过程中出现了问题。

所以，无论从哪一方面考虑，积极配合用户解决问题都是在沟通过程中必须要做的一件事。具体来说，要向用户体现出客服人员积极配合解决问题的态度，需要做到以下两点。

1）积极地回应

用户在购物过程中遇到问题时，客服人员有义务配合解决。那么，客服人员如何体现出对用户的配合呢？其中一种方法就是在沟通过程中向用户表示积极的态度，积极承担责任，让用户觉得客服人员是勇于承担责任的人，并且是愿意帮助用户解决问题的人。例如，客服人员可以自己总结出一个具体的流程，当用户寻求帮助时，客服人员可以通过安抚用户的情绪、通过耐心地询问了解用户遇到的具体问题后，再帮忙做出解答。

2）了解用户想法

当用户对购物过程中出现的问题向客服人员抱怨时，客服人员需要了解问题，并解决问题。但是，客服人员需要先了解用户的想法之后，再采取相应的解决措施。所以，为了增加用户的满意度，客服人员需要适时地倾听用户的意见，了解其想法，然后再结合实际情况，采取相对合适的解决方案。

5．回访用户维持感情

当客服人员已经帮助用户解决问题后，还要把这些用户的问题记录下来，并在几天后对用户进行回访。回访用户时，客服人员需要注意以下两点。

1）引导用户关注主播

客服人员需要明白的是，虽然消除用户抱怨是工作职责之一，但是引导用户关注主播、给直播间增加人气、提高产品销量才是最终目的。因此，客服人员消除用户抱怨之后，还要利用回访用户来达到利益最大化。

所以，客服人员在回访用户时，可以适当地与用户寒暄，询问用户近期使用产品的情况，再把握恰当的时机向用户透露店铺直播的时间以及直播的优惠活动，让用户关注直播间。

2）避免表露出功利性

客服人员在回访用户时，难免会带有一定的功利性，却不能在用户面前表露出来。虽然回访的目的是让用户关注主播，但是如果用户拒绝关注主播，客服人员也不要太灰心。

回访只是与用户联系感情的手段之一，对于防备心强的用户来说，即使客服人员已经回访过他（她）很多遍，也不一定能让这些用户关注主播。面对这种情况，客服人员需要做的就是避免向用户表露自己的目的，认真地对待每一次回访，用行动慢慢地打动用户。

10.2.2 消除用户抱怨的 6 个技巧

处理事情都是需要技巧的,客服人员只要掌握了技巧,就能提高办事的效率,获得事倍功半的效果。消除用户的抱怨也是如此,只要客服人员掌握了技巧,就可以平息用户的怨气,并且让用户对自己产生好感,从而取得用户信任。在此,笔者对消除抱怨的 6 个技巧做出解析。

1. 征询用户意见

客服人员在沟通过程中要尽可能地提高用户满意度,而要让用户满意就必须听取用户的建议,所以客服人员在沟通过程中应适时地征求用户的意见。

与客服人员自行解决问题不同,在沟通过程中征求用户的意见可以让用户的意见得以表达,而且用户也能因此获得应有的尊重。这无论是对了解用户的诉求,还是增加用户的满意度都是有所裨益的。所以,客服人员面对用户的抱怨,需要做到以下两点。

1)多征求用户意见

在消除用户抱怨的过程中,要让用户满意却不是一件容易的事。那么,如何才能在解决问题的同时,让用户对处理结果感到满意呢?其中一种简单、有效的方法就是在沟通过程中多询问用户的意见。这样一来,客服人员便能通过用户的表达找到其偏好,并在此基础上制定更适合的解决方案。

2)询问用户解决方案

许多用户之所以向客服人员抱怨,就是希望让问题得到解决,许多用户的落脚点还是让问题得到更好的解决。那么,如何才能让问题的解决尽可能地达到用户的标准呢?其中一种方法就是让用户的意愿得到表达,就解决方案征求用户的意见。

2. 提供多种方案

面对抱怨的用户,客服人员在沟通过程中还需讲究一定的技巧。既要让用户看到客服人员的态度,又要为用户提供合适的解决方案。对此,客服人员要消除用户抱怨,需要从以下两方面展开。

1)直面用户的抱怨

客服人员的态度在一定程度上代表着主播的态度,用户向客服人员抱怨就是因为在直播购物过程中出现了一些问题,虽然这些问题不一定是由主播或商家直接造成的,但是客服人员需要就此事向用户表明主播的态度。

对此,客服人员需要直面问题,承认己方的不足,并积极地为用户寻找解决方案。在此过程中,直面问题既是解决问题的前提,也是增加用户满意度、提高客服人员工作效率的必要步骤。

2）提供多种解决方案

问题找到之后，接下来需要做的就是解决问题了。前面已经提到了，解决某一问题的方法可能是多种多样的。而客服人员需要做的就是多给用户一些选择，让其选择相对适合的一种解决方案。谁都有趋利避害的心理，用户也不例外。如果客服人员为其提供了选择，用户便可选择自认为更好的方案。

3．给予一定补偿

由于在购物过程中曾经出现了一些不愉快，所以，有时候即便客服人员为用户提供了解决方案，用户也会因为之前的遭遇对客服人员的话抱有怀疑态度，认为客服人员未必能说到做到。因此，为了取信于用户，也为了更有效率地解决问题，客服人员在与抱怨型用户沟通的过程中应该适当地做出保证，并给予用户一定的补偿。具体来说，客服人员需要做到以下两点。

1）给出补偿

虽然用户向客服人员抱怨，很可能只是为了解决问题，并不一定是要商家就相关问题做出补偿，但是，如果客服人员承诺给出一些补偿，也没有用户会拒绝。毕竟，有便宜送上门不占白不占。

而且当客服人员承诺做出补偿时，用户因为之前购物出现问题的怨气也能得到有效地消除。另外，因为用户对购物有怨气，所以，即便问题已经解决了，部分用户也会给差评。此时，如果客服人员给出补偿，用户也就不好意思再给差评了。

2）承诺不再犯

除了承诺给补偿之外，客服人员往往还需要保证不会再犯同样的错误，尤其是在用户表示还有购物意愿的前提下。

例如，当用户遇到发错货的问题时，客服人员能对此事做出补偿，用户自然是乐于见到的。但是，用户更在意的可能是会不会再次发错货。所以，客服人员保证不再犯同样的错误，可能比承诺给用户补偿更重要。

4．忍受用户抱怨

在沟通过程中，用户在抱怨时很可能会将怒气发泄到客服人员身上。因此，客服人员需要做的就是尽可能地顺应用户，忍受用户的抱怨，要相信只要服务态度足够好，用户的怒气总会消除。

相反，如果客服人员与用户对着干，不但不能解决问题，还会让事情变得更加糟糕。所以，当用户把怒气发泄到自己身上时，客服人员需要做到以下两点。

1）忍受用户的小情绪

顺应用户首先要做到的是忍受用户的小情绪。当购物过程中出现问题时，部分脾气不太好的用户可能会有一些小情绪，如埋怨、愤怒等。而在这些小情绪的影响下，用户可能会说出一些不太好听的话。所以，客服人员需要多一分谅解，不能与用户争论，否则很可能会导致用户产生不满的情绪。

2）答应用户的合理要求

在购物过程中出现问题时，用户会习惯性地认为责任在商家，所以，在沟通过程中用户可能会对客服人员抱怨，或者提出一些要求。

这时，客服人员需要明白的是，沟通的主要目的是消除用户的抱怨，而要做到这一点，付出一些代价是少不了的。如果用户的要求还算合理，那么客服人员只需顺应用户，答应其要求即可。

5．表扬奖励用户

适当地给出奖励是调整用户情绪、促进问题解决的一种有效手段。当用户抱怨时，客服人员如果能以谦逊与感恩的心情接待用户，并以其抱怨对商家工作的改善有益为理由，并给用户一些口头的表扬和物质奖励，那么用户的心情可能会有所转变。具体来说，客服人员要消除用户抱怨，调整用户情绪，可以运用以下两种方案。

1）口头表扬

口头表扬是客服人员在沟通过程中给用户奖励的一种形式。与物质奖励不同，口头表扬大多只是对用户的表达进行肯定和赞扬，用户可能不会因此得到物质上的支持。但即便如此，用户对口头上的表扬通常还是比较受用的。

2）物质奖励

对于理性型用户，口头表扬虽然受用，但是不切实际的奖励给得再多，也总感觉少了点什么。所以，对于这部分用户来说，口头表扬并不受用，客服人员便需要通过物质奖励来打动用户，哪怕只是几元钱的补偿，或者一个小赠品，都会带来意想不到的效果。

6．借力解决问题

虽然通过沟通帮用户解决问题是客服人员的职责所在，客服人员应该尽可能地通过自身努力，消除用户的抱怨与投诉，但是，客服人员的力量毕竟是有限的，如果客服人员遇到自己无法解决的问题时，就需要通过其他方法来解决问题了。例如，客服人员可以借力上级的帮助解决问题，但是这个方案需要客服人员在遇到以下两种问题时才能使用。

1）用户执意找上级

如果在沟通过程中，用户执意要找上级，客服人员就需要考虑是否需要借力上级了。当用户要找客服人员的上级时，客服人员作为一位服务的提供者，是需要顾及用户的意愿的。面对用户执意找上级的要求，客服人员可以适当地满足其需求；如果不能满足用户的需求时，可以自己扮演领导的角色来与用户沟通。

需要注意的是，当用户尚处于抱怨状态时，如果其要求得不到满足，很可能会让事情变得更加难以收拾。所以，客服人员要自己衡量其中的得失。

2）自身解决不了问题

客服人员只是一个员工这样的小角色，所以，客服人员能行使的权利很可能是比较有限的。但是，用户并不会考虑客服人员到底有哪些职权，而只是希望事情能以自己预期的方式解决。

因此，用户很可能会在沟通过程中提出一些客服人员自身不能解决的问题。这时客服人员就需要及时向上级反映，并通过与上级的沟通，找到一个可行的解决方法。

10.3 提供体验良好的售后服务

任何产品都可能存在一些缺陷，部分用户观看直播购买产品时，很可能是出于冲动下单的心理，当他（她）们收到产品后，如果产品不符合需求，难免会在直播间内控诉主播，让主播给出具体的解决办法。

面对这种情况，主播要给用户一个解释，及时回应用户。下面笔者分享一些主播应对用户的差评、发货问题以及退货难题的技巧。

10.3.1 回应影响口碑的差评

再完美的产品，也很难满足全部用户的需求。由于一些用户下单购买产品时，带有一定的盲目冲动的心理，难免会买到一些不符合预期的产品，或者买到一些存在瑕疵的产品，这会让用户的心理产生落差，从而促使用户在直播间内控诉主播，或者直接给产品差评。本小节笔者对用户控诉主播以及给差评的两个常见情景做出解析，帮助主播掌握回应用户的技巧。

1．情景1：产品有问题，主播忽悠人

用户收到产品之后，很可能会发现产品存在一些瑕疵，觉得产品不符合自己的心理预期，主播是在忽悠人。遇到这种情况，用户可能会在主播的直播间内表达对产品质量的不满，从而呼吁其他用户不要购买该主播的产品。

面对这种情况，主播要第一时间做出回应、做出解释，以防影响到自己的带货口碑。具体来说，主播做出回应时，可以参考以下两点。

1）及时做出解释

用户购买产品后，发现产品出现问题，不符合心理预期是很正常的现象。面对这种问题，主播与客服人员要做的是及时向用户做出解释，否则一旦用户的舆论将问题放大，就很可能会影响主播的名誉。

例如，某淘宝顶流主播的粉丝购买某款产品后，发现产品存在瑕疵便申请了售后，却被告知无法换货，便在社交平台上投诉了该主播。这位主播了解情况之后，及时向大众发表了声明，表示是因为产品已经售罄了，所以才换不了货，并表示已经让该粉丝进行了退款处理。该主播做出的解释不仅消除了该粉丝的不满情绪，还赢得了许多用户的好感，如图10-4所示。

图10-4　某淘宝顶流主播在微博就无法换货的问题发表声明

2）提出解决办法

当产品出现问题时，主播千万不能找借口推卸责任，而应该尽快提出解决办法，帮助用户处理问题。例如，某抖音主播直播销售的一款羊毛衫被用户爆出是假冒产品后，其主播以及直播团队迅速地向用户表达了歉意，并承诺给予用户3倍的赔偿，快速地平息了用户的怒气。

2. 情景2：产品质量差，用户给差评

产品质量一直是影响用户购买产品的因素之一，一旦用户收到产品之后发现产品质量很差，就很有可能会投诉主播，或者直接给产品差评，这在一定程度上会影响到主播的口碑。面对这种情况，主播可以参考以下两种解决办法。

1）了解具体情况

当用户已经给予差评时，主播首先要了解用户给予差评的原因，主动询问用户有关产品的具体情况，再寻找合适的解决办法。

2）帮助用户退换货

主播了解了具体情况之后，如果是产品存在质量差的问题，要主动帮助用户退换货，尽力挽回由此造成的负面影响。为了避免更多用户的投诉，主播还可以

主动联系已经购买产品的用户进行退货退款处理，或者给予用户一定的补偿。否则一旦有更多用户发现产品的质量存在问题，就有可能会集体投诉主播，不再购买主播推荐的产品了。

10.3.2 应对预期外的发货问题

主播进行直播带货时，并不仅仅只是简单地把产品销售出去，还需要多关注产品的物流状态，避免发生发货不及时等问题导致用户没有在预期的时间内收到产品。下面笔者对两个常见的发货问题做出解析，并提出具体的解决办法。

1．问题1：发货不及时

物流的快慢在很大程度上对用户的购物体验有一定影响，如果产品不能在主播承诺的时间内发货，用户就会觉得主播是在欺骗自己，从而对主播产生不信任感。这时，主播要做到以下两点。

1）不轻易推卸责任

虽然发货的快慢不是主播所能控制的，但是如果主播直接推卸责任，用户就会觉得主播不负责任，以后将不会再在主播的直播间内购买产品。面对这种情况，主播需要主动承担责任，并为厂家争取一点时间。

例如，主播可以用类似"实在很不好意思，由于我们的产品销量太火爆了，这是我们和品牌方意想不到的，目前品牌方已经在连夜发货了"这样的话术让用户了解到产品是因为销量太好，才出现了发货不及时的问题。

2）用福利消除不满

如果主播已经对用户解释了发货不及时的原因，还是不能消除用户心中的怒气，那么主播可以给予用户一些福利，利用福利诱惑来消除用户的不满。

2．问题2：发错货

除了发货不及时之外，用户还可能会遇到发错货的问题。例如，用户买的是黑色的鞋子，但是厂家却发了白色的，从而导致用户给了产品差评。一般来说，用户在购买产品时，是信任主播的，所以主播面对用户因发错货而给予差评，要真诚地向用户表达歉意，帮助用户退换产品。

10.3.3 化解无理由的退货难题

主播在直播带货过程中，很可能会遇到用户无正当理由退货的问题。面对用户的退货要求，主播首先要做的就是稳定用户的情绪，询问用户退货的原因，再帮助用户解决问题。在这个过程中，主播要尽量引导用户打消退货念头，或者引导用户用换货代替退货。

1. 让用户打消退货念头

用户在观看直播时，很可能是因为一时冲动而下单购买产品，所以收到产品就后悔购买了。面对这种情况，主播需要尽量说服用户不要退货，强调产品的价值，例如主播可以告诉用户："这款产品的销量非常好，而且价格也便宜，你要是退了就可惜了。"当主播通过话术让用户意识到产品的价值之后，用户就很可能会打消退货的想法。

2. 尝试让退货变成换货

如果主播无法说服用户，让用户改变退货的想法，就可以巧妙地转移话题，向用户再推荐几款产品，尝试一下是否可以说服用户用换货来代替退货。当然，如果用户退货的态度很坚决，那么主播为了避免影响自己的声誉，就可以适当地让步，帮助用户退货。